한글자 한마디
맛있는 일본어
펜맨십

편집부 편저

(주)진명출판사

한글자 한마디 맛있는 일본어 펜맨십

초판 발행 | 2008년 01월 02일
17쇄 발행 | 2014년 03월 31일

엮 은 이 | 편집부
발 행 인 | 안광용
발 행 처 | ㈜진명출판사
등   록 | 제10-959호 (1994년 4월 4일)
주   소 | 서울 마포구 양화로 156, 1601호(동교동, LG팰리스빌딩)
전   화 | 02) 3143-1336 / FAX 02) 3143-1053
홈 페 이 지 | http://www.jinmyong.com
이 메 일 | book@jinmyong.com
마 케 팅 | Carl Ahn, Angella Kim, 이애자

ⓒ JINMYONG PUBLISHERS, INC., 2008
ISBN 978-89-8010-405-5

· 잘못된 책은 교환해 드립니다.
· 이 책은 저작권법에 의해 보호를 받는 저작물이므로 무단 전재와 복제를 금합니다.

# 시작하면서

어떤 일이든 기초를 탄탄하게 해 놓지 않으면 잘 되지 않는 법입니다. 일본어를 처음 접하는 분들에게 한글과 다른 일본 글자는 낯설고 어렵게 느껴질 것입니다. 그런 분들에게 보다 쉽고 재미있게 히라가나와 가타카나를 학습할 수 있도록 만들었습니다.

'맛있는 일본어 펜맨십의 특징'

1. 히라가나만 익혀도 간단한 문장을 말할 수 있다.
- 한글자 한글자마다 가장 기초적인 생활회화 한 마디를 익힐 수 있도록 했습니다. 여러분이 앞으로 일본어를 배워 나가면서 많이 쓰게 될 표현입니다.

2. 가타카나를 익히면 웬만한 음식 이름은 OK!
- 우리가 흔히 접할 수 있는 음식 이름을 통해 가타카나를 보다 쉽고 재미있게 습득할 수 있습니다.

3. 실제 패스트푸드 음식점의 메뉴를 보며 학습의 결과를 확인!
- 공부를 했으면 확인을 해야겠죠? 일본 현지 음식점의 실제 메뉴 읽기를 통하여 학습 결과를 확인합니다. 맛있는 일본어 펜맨십만 공부하면 식당에서 주문도 할 수 있겠죠?

첫인상이 중요하고 첫 만남이 중요하듯이 모든 일은 처음이 가장 중요합니다. 일본어와 처음 만나는 여러분들께 이 책이 많은 도움이 되었으면 합니다.

편집부

목차

- 03　시작하면서
- 05　일본어의 문자에 대하여
- 06　히라가나 오십음도
- 07　가타카나 오십음도
- 08　책의 구성과 특징
- 09　히라가나 청음
- 66　발음 (**撥音：はつおん**)
- 67　가타카나 청음
- 124　장음
- 125　탁음과 반탁음
- 136　촉음
- 137　요음
- 148　혼동하기 쉬운 글자
- 150　부록 – 메뉴 읽기

일본어의 문자에 대하여

일본어의 문자는 한자에서 그 모양을 가져다가 표기합니다. 그것은 일본도 우리나라처럼 아주 옛날에는 고유의 문자가 없었기 때문입니다. 한글 이전에 한자를 빌려다가 그 한자의 발음을 따서 우리말의 발음에 적용하여 표기했던 이두나 향찰 방식과 비슷한 것입니다. 이렇게 한자를 빌려서 사용한 초기의 문자를 일본 문자의 기원이라고 일컬어지는 야마토 코토바(和語)라고 합니다.

그래서 중국의 원래 한자를 '마나(真名)', 즉 '진짜 글'이라고 했고, 이와 상대적으로 한자를 빌려다가 새롭게 만들어 사용한 문자를 '가나(仮名)', 즉 '가짜 글'이라고 하였습니다.

현대 일본어에서는 가나문자를 사용합니다. 가나문자는 히라가나(ひらがな)와 가타카나(カタカナ)로 나뉘며, 이 둘을 합쳐서 흔히 가나(仮名=かな)라고 합니다. 또한 다섯 개의 모음(a, i, u, e, o)을 10행으로 배열한 것을 오십음도(五十音図 고쥬-온즈)라고 합니다.

그리고 일본어의 문장에서는 히라가나(ひらがな) 및 가타카나(カタカナ)와 더불어 한자를 섞어서 표기합니다.

- **히라가나** - 히라가나(ひらがな)는 한자의 초서체에서 따온 것으로, 대부분의 문자 표기에 사용됩니다.

- **가타카나** - 가타카나(カタカナ)는 한자의 자획 일부분에서 따온 것으로 외래어, 의성어, 의태어, 강조하고 싶은 말, 일본에서의 국내 전보문, 동·식물 명칭 등에 주로 사용됩니다.

- **한자** - 일본어의 한자는 주로 약자(略字)를 씁니다.

    예) 國 → 国

    한자의 읽기는 보통 하나의 한자(漢字)에 두 가지 이상의 읽는 방법이 있습니다. 한자의 뜻을 새겨서 읽는 법을 훈독(訓読)이라고 하고, 중국에서 전해 내려온 음 그대로 읽는 법을 음독(音読)이라고 합니다.

히라가나(ひらがな) 오십음도

행＼단	あ단	い단	う단	え단	お단
あ행	あ a 아	い i 이	う u 우	え e 에	お o 오
か행	か ka 카	き ki 키	く ku 쿠	け ke 케	こ ko 코
さ행	さ sa 사	し si 시	す su 스	せ se 세	そ so 소
た행	た ta 타	ち chi 치	つ tsu 츠	て te 테	と to 토
な행	な na 나	に ni 니	ぬ nu 누	ね ne 네	の no 노
は행	は ha 하	ひ hi 히	ふ hu 후	へ he 헤	ほ ho 호
ま행	ま ma 마	み mi 미	む mu 무	め me 메	も mo 모
や행	や ya 야		ゆ yu 유		よ yo 요
ら행	ら ra 라	り ri 리	る ru 루	れ re 레	ろ ro 로
わ행	わ wa 와				を wo 오
	ん N 응				

가타카나(カタカナ) 오십음도

단\행	ア단	イ단	ウ단	エ단	オ단
ア행	ア (a / 아)	イ (i / 이)	ウ (u / 우)	エ (e / 에)	オ (o / 오)
カ행	カ (ka / 카)	キ (ki / 키)	ク (ku / 쿠)	ケ (ke / 케)	コ (ko / 코)
サ행	サ (sa / 사)	シ (si / 시)	ス (su / 스)	セ (se / 세)	ソ (so / 소)
タ행	タ (ta / 타)	チ (chi / 치)	ツ (tsu / 츠)	テ (te / 테)	ト (to / 토)
ナ행	ナ (na / 나)	ニ (ni / 니)	ヌ (nu / 누)	ネ (ne / 네)	ノ (no / 노)
ハ행	ハ (ha / 하)	ヒ (hi / 히)	フ (hu / 후)	ヘ (he / 헤)	ホ (ho / 호)
マ행	マ (ma / 마)	ミ (mi / 미)	ム (mu / 무)	メ (me / 메)	モ (mo / 모)
ヤ행	ヤ (ya / 야)		ユ (yu / 유)		ヨ (yo / 요)
ラ행	ラ (ra / 라)	リ (ri / 리)	ル (ru / 루)	レ (re / 레)	ロ (ro / 로)
ワ행	ワ (wa / 와)				ヲ (wo / 오)
	ン (N / 응)				

책의 구성과 특징

한 글자에 한 마디씩 또는 한 글자에 음식 이름 한 가지씩을 함께 익히게 함으로써, 재미있고 맛있게 학습할 수 있도록 한 것이 이 펜맨십 교재의 가장 큰 특징입니다. 이 방식은 문자와 발음 학습의 속도를 높일 뿐 아니라 흥미를 가지게 합니다.

펜맨십을 맛있게 즐기시는 방법

1. 먼저, 글자를 보며 mp3로 발음을 들어 봅시다. 정확하게 쓰는 것도 중요하지만, 정확하게 발음하는 것 또한 중요합니다.
2. 반복해서 글자의 발음을 들으며 필순에 맞게 쓰기 연습을 합니다.
3. mp3로 짧은 문장의 발음을 듣고 학습합니다. 이 때 주의할 점은 반복해서 듣고 따라하는 것입니다. 시작 단계부터 정확하게 발음하는 연습을 해야 나중에 깨끗하고 정확한 발음을 구사할 수 있습니다.
4. 전체 글자를 다 익혔다면, 책의 끝 부분에 있는 메뉴판을 펼쳐 보세요. 자신이 얼마나 정확하게 외웠는지 확인해 봅시다. 반복해서 들으면서 글자의 모양을 보는 것도 학습에 큰 도움이 됩니다.

앞에서 언급한 특징을 머릿속에 기억하고 학습방법을 숙지한 후, 일본어글자 학습을 시작해 봅시다. 일본어에 대한 흥미를 불러일으키는 펜맨십!
'맛있는 일본어 펜맨십'을 통해 일본어의 문자와 발음을 제대로 정확하게 끝내 봅시다.

히라가나 청음

탁점, 반탁점이 붙지 않은 글자로 표기되며, 성대를 진동시키지 않고 맑게 내는 소리입니다.

あ행 あいうえお
[a] [i] [u] [e] [o]

일본어의 모음은 あ[a], い[i], う[u], え[e], お[o]의 다섯 가지입니다. 발음은 우리말 '아·이·우·에·오'와 비슷하나, う는 우리말 '우'와 '으'의 중간음이므로 주의해서 발음하여야 합니다.

아 [a]

 우리말 '아' 발음에 가깝습니다.

あ	あ				
あ	あ				
あ	あ				
あ	あ				
あ	あ				

いただきます
이 따 다 끼 마 스

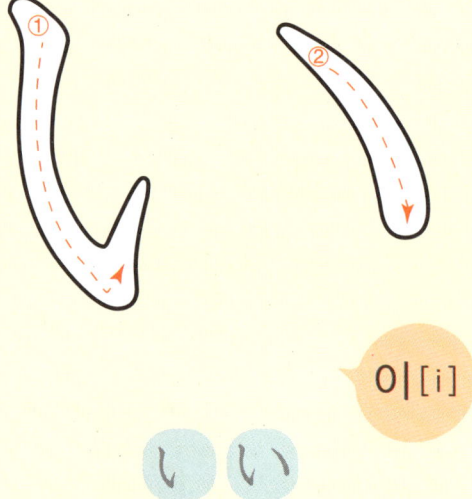

이[i]

 우리말 '이' 발음에 가깝습니다.

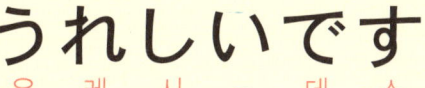

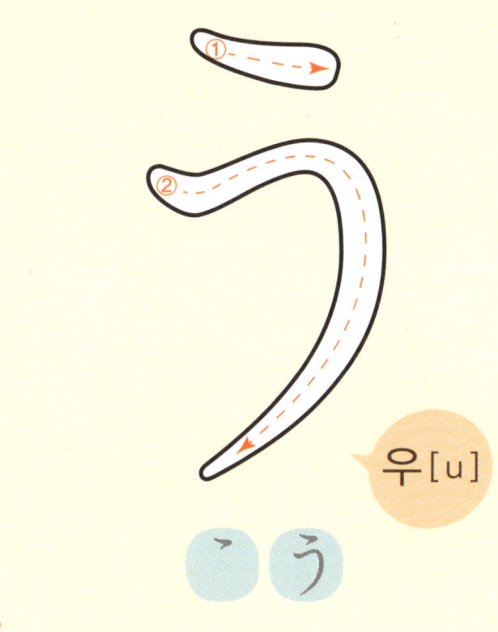

우 [u]

 우리말 '우' 발음에 가까우나, '우'와 '으'의 중간음이므로 주의해서 발음하세요.

う	う				
う	う				
う	う				
う	う				
う	う				

えらいですね
에 라 이 데 스 네

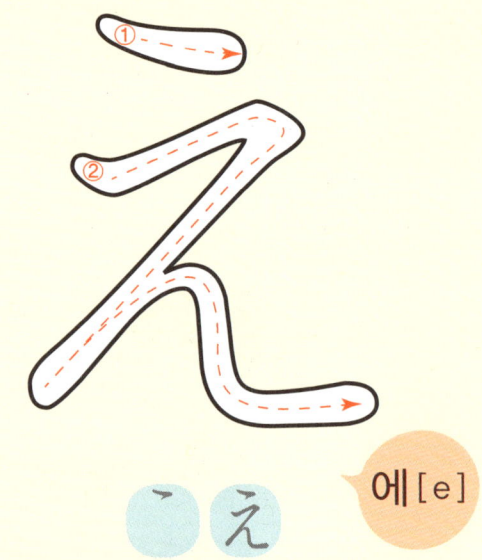

え [e]

대단해요

 우리말 '에' 발음에 가깝습니다.

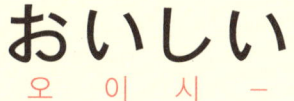

오 [o]

 우리말 'ㅗ' 발음에 가깝습니다.

お	お				
お	お				
お	お				
お	お				
お	お				

か행

か き く け こ
[ka] [ki] [ku] [ke] [ko]

자음인 알파벳 'k'가 모음 'a·i·u·e·o'와 결합하여 'ka·ki·ku·ke·ko'의 소리를 냅니다. 우리말 'ㅋ' 발음과 비슷하나, 정확하게는 'ㅋ'와 'ㄱ'의 중간음입니다. 단어나 문장의 첫머리에서는 'ㅋ'에 가까운 소리가 나고, 그 외의 경우는 'ㄲ'에 가까운 소리가 납니다.

ください 쿠다사이 — 주세요

きれいだわ 키레이다와 — 예뻐요

か しこまりました 카 시꼬마리마시따 — 알겠습니다

こんにちは 콘― 니찌와 — 안녕하세요 (낮인사)

けっこんしましょう 켁― 꼰―시마쇼― — 결혼합시다

かしこまりました
카 시꼬마리마시따
(약하게 발음)

카 [ka]

알겠습니다

우리말 '카'와 '가'의 중간음입니다. 단, 단어의 중간이나 맨 끝에 올 때에는 '까'에 가까운 소리가 납니다.

か	か				
か	か				
か	か				
か	か				
か	か				

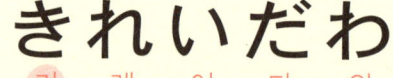

키[ki]

우리말 '키'와 '기'의 중간음입니다. 단, 단어의 중간이나 맨 끝에 올 때에는 '끼'에 가까운 소리가 납니다. き는 3획과 4획이 따로 떨어져 있는 것이 원칙이나, 글자를 흘려서 쓸 경우에는 き처럼 붙는 형태로 표현됩니다.

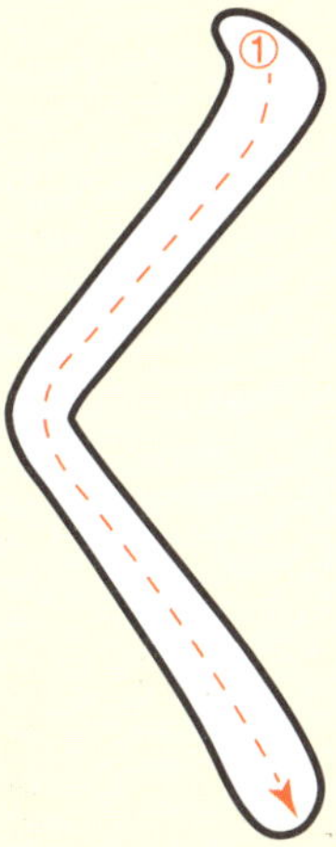

くださいです
쿠 다 사 이
약하게 발음

주세요

쿠[ku]

발음포인트 우리말 '쿠'와 '구'의 중간음입니다. 단, 단어의 중간이나 맨 끝에 올 때에는 '꾸'에 가까운 소리가 납니다.

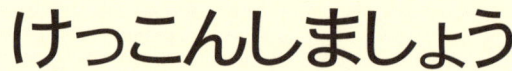
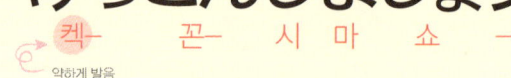
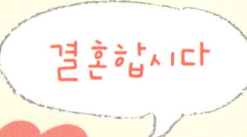

 우리말 '케'와 '게'의 중간음입니다. 단, 단어의 중간이나 맨 끝에 올 때에는 '께'에 가까운 소리가 납니다.

け	け				
け	け				
け	け				
け	け				
け	け				

こんにちは
콘- 니찌와

코 [ko]

우리말 '코'와 '고'의 중간음입니다. 단, 단어의 중간이나 맨 끝에 올 때에는 '꼬'에 가까운 소리가 납니다.

さ행

さ し す せ そ
[sa] [si] [su] [se] [so]

자음인 알파벳 's'가 모음 'a·i·u·e·o'와 결합하여 'sa·si·su·se·so'의 소리를 내며, 우리말 '사·시·스·세·소'와 발음이 비슷합니다. し는 'shi'로 표기되는 경우가 있는데, '쉬'의 발음이 아닌 '시'로 발음됩니다. 또한 す는 '수'와 '스'의 중간음인데, 입술을 밖으로 내밀지 않고 발음하기 때문에 '스'에 가깝게 발음됩니다.

さようなら
사요-나라
안녕
(헤어질 때 인사)

しりません
시리마셍-
모릅니다

そうですか
소-데스까
그렇습니까

すみません
스미마셍-
미안합니다

おせわになりました
오세와니나리마시따
신세를 졌습니다

사[sa]

ー さ さ

 우리말 '사' 발음에 가깝습니다. さ는 2획과 3획이 따로 떨어져 있는 것이 원칙이나, 글자를 흘려서 쓸 경우에는 さ처럼 붙는 형태로 표현됩니다.

발음포인트 우리말 '수'와 '스'의 중간음이나, '스'에 가깝게 발음합니다.

おせわになりました
오 세 와 니 나 리 마 시 따

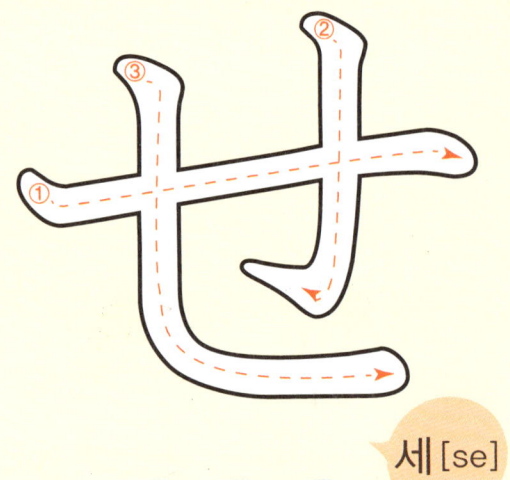

세 [se]

ー ナ せ

신세를 졌습니다

 우리말 '세' 발음에 가깝습니다.

せ	せ					
せ	せ					
せ	せ					
せ	せ					
せ	せ					

そうですか
소 — 데 스 까

そ
소 [so]

그렇습니까

발음포인트 우리말 '소' 발음에 가깝습니다.

た행

たちつてと
[ta] [chi] [tsu] [te] [to]

자음인 알파벳 't'가 모음 'a·i·u·e·o'와 결합하여 'ta·chi·tsu·te·to'의 소리를 냅니다. 우리말 'ㅌ' 발음에 가깝지만, 단어나 문장의 중간 또는 끝에 올 때는 'ㄸ'에 가깝게 발음합니다. 'ち'는 '치'와 '찌'의 중간음이며, 한국인이 가장 어려워하는 발음인 'つ'는 '츠'와 '쯔'의 중간음이므로 주의해서 발음합시다.

ただいま
타 다이마
다녀왔습니다

てつだいましょう
테쯔다이마쇼ー
돕겠습니다

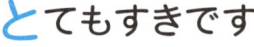

つかれました
츠 까레마시따
피곤해요

ちがいます
치 가이마스
아닙니다

とてもすきです
토떼모스끼데스
정말 좋아합니다

타 [ta]

ー ナ た た

ただいま
타 다 이 마
약하게 발음

다녀왔습니다

 우리말 '다'와 '타'의 중간음입니다. 단, 단어의 중간 또는 끝에 올 때는 '따'에 가까운 소리가 납니다.

た	た				
た	た				
た	た				
た	た				
た	た				

치[chi]
ー ち

ちがいます
치 가 이 마 스

아닙니다

우리말 '치'와 '찌'의 중간음이나, '찌'에 더 가까운 발음입니다.

ち	ち				
ち	ち				
ち	ち				
ち	ち				
ち	ち				

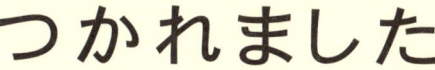

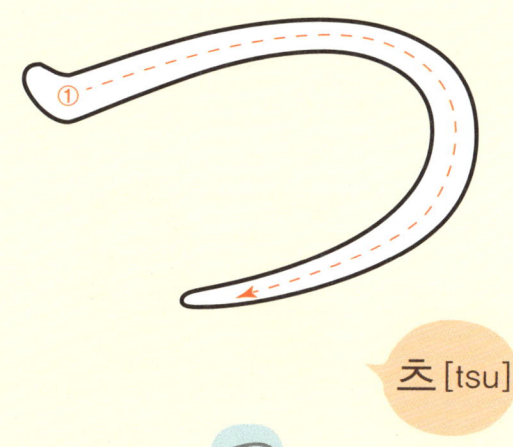

츠 [tsu]

우리말에는 없는 발음이기 때문에, 한국인이 가장 어려워하는 발음 중 하나입니다.
혀 끝으로 잇몸을 살짝 치면서 내는 소리로, '츠'와 '쯔'의 중간음입니다.

てつだいましょう
테 쯔다이마 쇼 —
약하게 발음

돕겠습니다

테 [te]

발음포인트 우리말 '데'와 '테'의 중간음입니다. 단, 단어의 중간이나 끝에 올 때는 '떼'에, 그 이외에는 '테'에 가까운 소리가 납니다.

て	て					
て	て					
て	て					
て	て					
て	て					

우리말 '도'와 '토'의 중간음입니다. 단, 단어의 중간 또는 끝에 올 때는 '또'에 가까운 소리가 납니다.

と	と				
と	と				
と	と				
と	と				
と	と				

な행 なにぬねの
[na] [ni] [nu] [ne] [no]

자음인 알파벳 'n'이 모음 'a·i·u·e·o'와 결합하여 'na·ni·nu·ne·no'의 소리를 냅니다. 우리말 '나·니·누·네·노'와 발음이 비슷합니다.

にこにこする
니꼬니꼬스루
싱글벙글거리다

おねがいします
오 네 가 이 시 마 스
희망합니다

なんですか
난— 데 스 까
무엇입니까

のりましょう
노 리 마 쇼 —
탑시다

ぬれました
누 레 마 시 따
젖었어요

なんですか
난— 데스까

무엇입니까

나 [na]

ー ナ ナ な

발음포인트 우리말 '나' 발음에 가깝습니다.

な	な				
な	な				
な	な				
な	な				
な	な				

にこにこする
니꼬니꼬스루

싱글벙글거리다

に [ni]

발음포인트 우리말 'ㄴ' 발음에 가깝습니다.

ぬれました
누 레 마 시 따

いぬ 누[nu]

젖었어요

 우리말 '누'와 '느'의 중간음으로 '누'에 가깝게 발음합니다.

ぬ	ぬ				
ぬ	ぬ				
ぬ	ぬ				
ぬ	ぬ				
ぬ	ぬ				

おねがいします
오 네 가 이 시 마 스

네[ne]

| ね |
| ね |
| ね |
| ね |
| ね |

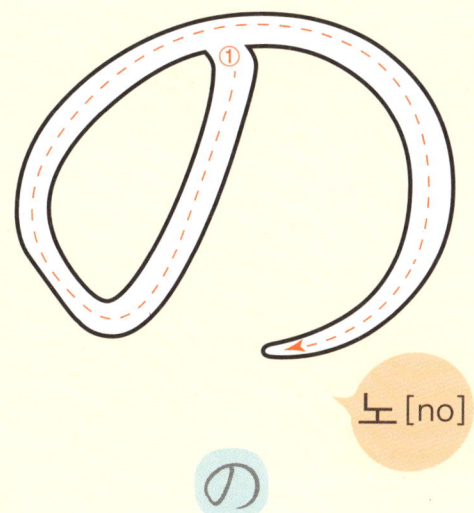

のりましょう
노 리 마 쇼 −

노 [no]

 우리말 '노' 발음에 가깝습니다.

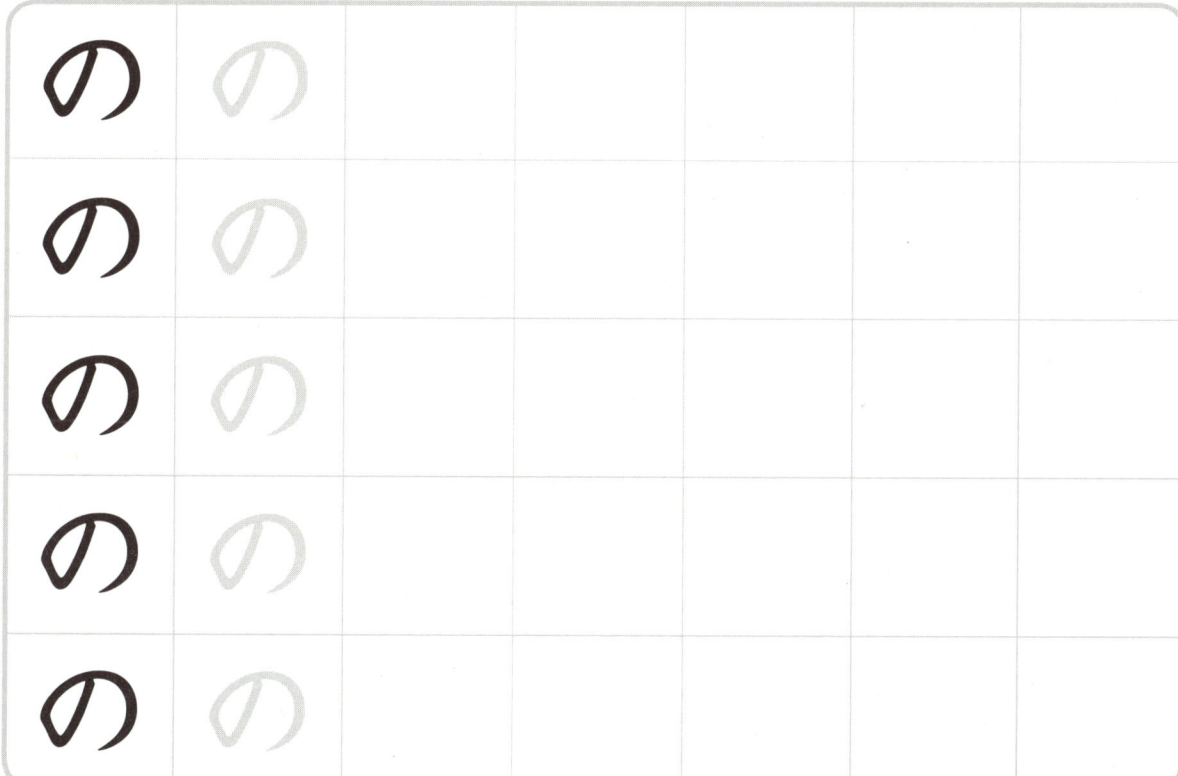

は행

は ひ ふ へ ほ
[ha] [hi] [hu] [he] [ho]

자음인 'h'가 모음 'a·i·u·e·o'와 결합하여 'ha·hi·hu·he·ho'의 소리를 냅니다. 우리말 '하·히·후·헤·호'와 발음이 비슷합니다.

はじめまして
하 지메 마시떼
처음뵙겠습니다

ひさしぶり
히 사시부리
오랜만이야

ふられました
후 라레마시따
차였어요

ほんとうに
혼― 또―니
정말?

へたです
헤 따데스
잘 못합니다

はじめまして
하 지 메 마 시 떼

처음뵙겠습니다

하 [ha]

 우리말 '하' 발음에 가깝습니다.

は	は				
は	は				
は	は				
は	は				
は	は				

발음포인트 우리말 '히' 발음에 가깝습니다.

ふられました
후 라 레 마 시 따

후[hu]

우리말 '후'와 '흐'의 중간음으로 '후'에 가깝게 발음합니다.

ふ	ふ				
ふ	ふ				
ふ	ふ				
ふ	ふ				
ふ	ふ				

へたです
헤 따 데 스

헤 [he]

발음포인트 우리말 '헤' 발음에 가깝습니다.

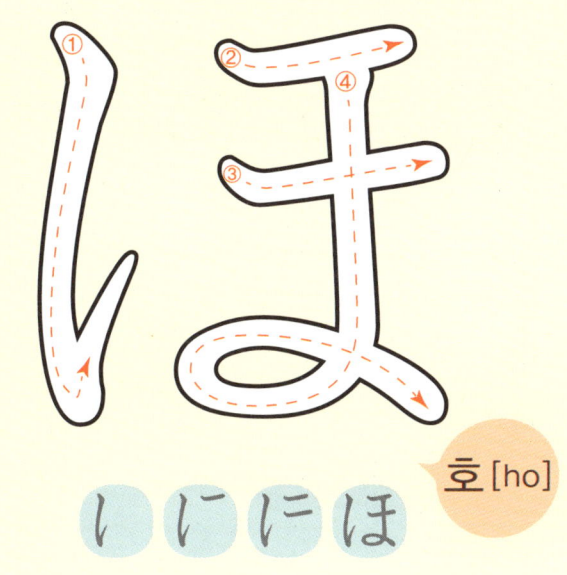

ほ [ho]

い に に ほ

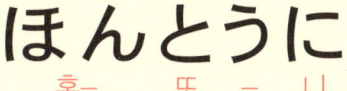
ほんとうに
혼— 또 — 니

정말?

 우리말 '호' 발음에 가깝습니다.

ほ	ほ				
ほ	ほ				
ほ	ほ				
ほ	ほ				
ほ	ほ				

まみむめも

[ma] [mi] [mu] [me] [mo]

자음인 알파벳 'm'이 모음 'a·i·u·e·o'와 결합하여 'ma·mi·mu·me·mo'의 소리를 냅니다. 우리말 '마·미·무·메·모'와 발음이 비슷합니다.

まいったな
마 잇-따나
곤란한데

むずかしい
무 즈 까시-
어려워

おやすみなさい
오야스 미 나사이
안녕히 주무세요

めいわくだよ
메- 와꾸다 요
민폐라구..ㅠㅠ

もしもし
모시모시
여보세요

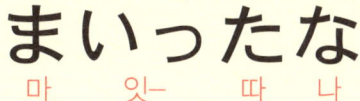

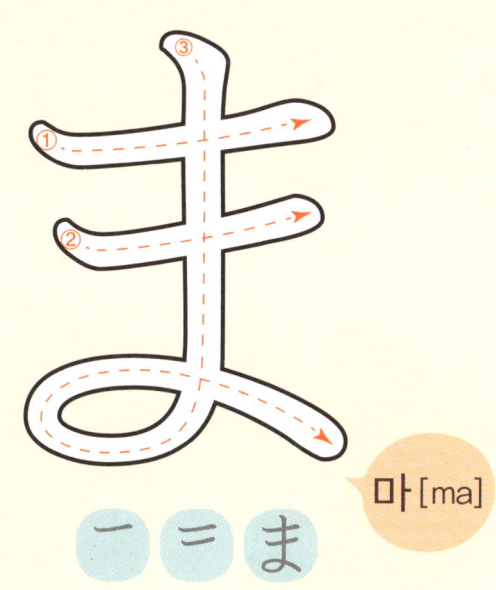

마 [ma]

 우리말 '마' 발음에 가깝습니다.

ま	ま				
ま	ま				
ま	ま				
ま	ま				
ま	ま				

おやすみなさい
오 야 스 미 나 사 이

미 [mi]

안녕히 주무세요

みみ

발음포인트 우리말 '미' 발음에 가깝습니다.

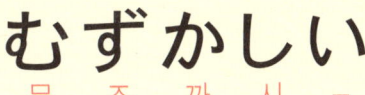

무 [mu]

 우리말 '무'와 '므'의 중간음으로 '무'에 가깝게 발음합니다.

む	む				
む	む				
む	む				
む	む				
む	む				

めいわくだよ
메 — 와 꾸 다 요

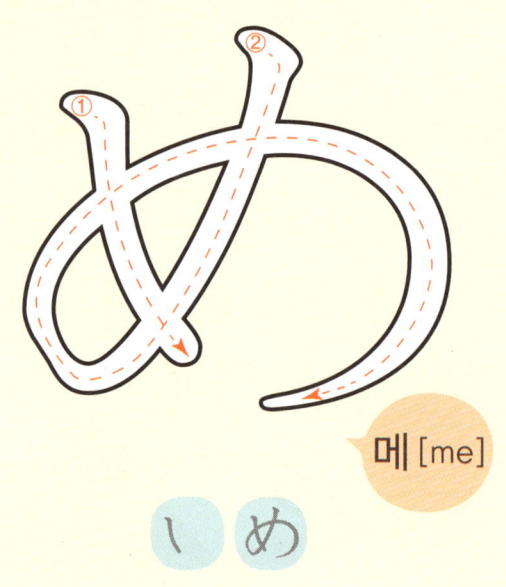

메 [me]

しめ

민폐라구.. ㅠㅠ

 우리말 '메' 발음에 가깝습니다.

め	め				
め	め				
め	め				
め	め				
め	め				

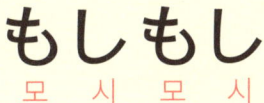

もしもし
모 시 모 시

모 [mo]

し も も

여보세요

 우리말 '모' 발음에 가깝습니다.

も	も						
も	も						
も	も						
も	も						
も	も						

や행　や　ゆ　よ
　　　　[ya]　[yu]　[yo]

や행은 알파벳 'y'가 모음 'a·u·o'와 결합하여 'ya·yu·yo'의 소리를 냅니다. 우리말 '야·유·요'와 발음이 비슷합니다.

やめて
야 메 떼
하지마

ゆうきだして
유 - 끼 다 시 떼
용기 내!

おは**よ**うございます
오 하 요 - 고 자 이 마 스
안녕하세요
(아침인사)

발음포인트 우리말 '야' 발음에 가깝습니다.

ゆ[yu]

ゆうきだして
유 - 끼 다 시 떼

용기 내!

우리말 '유' 발음에 가깝습니다.

ゆ	ゆ				
ゆ	ゆ				
ゆ	ゆ				
ゆ	ゆ				
ゆ	ゆ				

おはようございます
오 하 요 - 고 자 이 마 스

요 [yo]

발음포인트 우리말 '요' 발음에 가깝습니다.

よ	よ				
よ	よ				
よ	よ				
よ	よ				
よ	よ				

ら행 らりるれろ
[ra] [ri] [ru] [re] [ro]

자음인 알파벳 'r'이 모음 'a·i·u·e·o'와 결합하여 'ra·ri·ru·re·ro'의 소리를 냅니다. 알파벳 'r'로 표기하나, 영어의 'r'과 같이 혀를 굴려서 내는 소리가 아닌 혀끝을 잇몸에 살짝 대었다가 떼면서 '라·리·루·레·로'로 발음합니다.

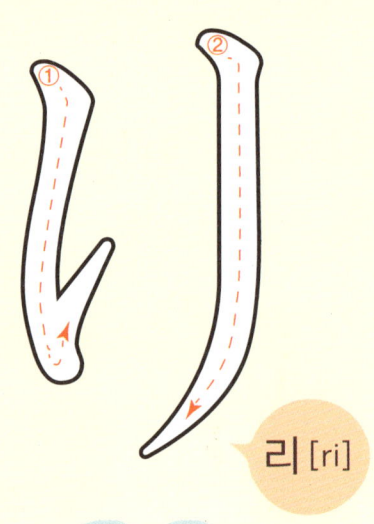

おかえりなさい
오 까 에 리 나 사 이

리 [ri]

い り

다녀 오셨어요

우리말 '리' 발음에 가깝습니다. り는 1획과 2획이 따로 떨어져 있는 것이 원칙이나, 글자를 흘려서 쓸 경우에는 り처럼 붙는 형태로 표현됩니다.

り	り	り				
り	り	り				
り	り	り				
り	り	り				
り	り	り				

るすちゅうです
루 스 츄 - 데 스

루[ru]

る

부재중입니다

 우리말 '루'와 '르'의 중간음으로 입술을 내밀지 않고 '루'로 발음합니다.

る	る				
る	る				
る	る				
る	る				
る	る				

しつれいします
시 쯔 레 - 시 마 스

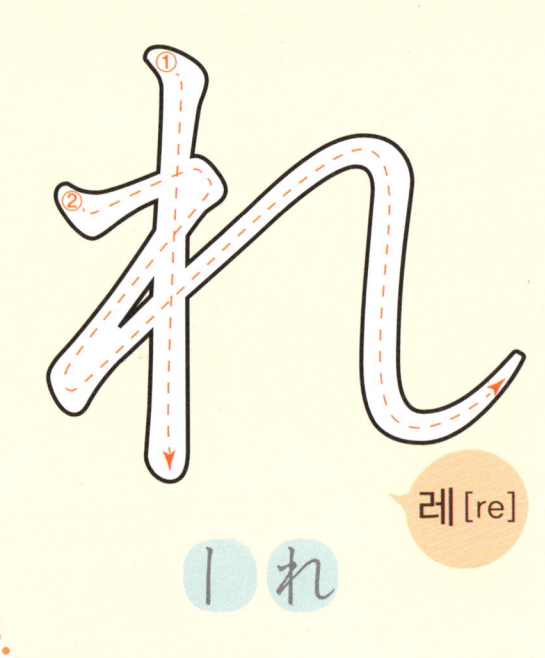

레[re]

 우리말 '레' 발음에 가깝습니다.

れ	れ					
れ	れ					
れ	れ					
れ	れ					
れ	れ					

우리말 '로' 발음에 가깝습니다.

わ 행

わ	を	ん
[wa]	[wo]	[N]

わ는 우리말 '와'와 발음이 같으며, を는 앞에서 나온 お와 같이 우리말 '오'로 발음되나 조사에서만 쓰입니다. ん은 우리말 '응'과 같은 발음으로 받침과 같은 역할을 합니다.

わかった
와 깟─따
알았어

これを ください
코레 오 쿠다사이
이것을 주세요

こんばんは
콤─ 방─ 와
안녕하세요
(저녁인사)

これを ください
코 레 오 쿠 다 사 이
약하게 발음

이것을 주세요

を

오 [wo]

一 ナ を

발음포인트 우리말 '오'와 같은 발음으로 조사에만 사용됩니다.

を	を				
を	を				
を	を				
を	を				
を	を				

こんばんは
콤 방— 와
약하게 발음

ん 응[N]

발음포인트 우리말 '응'에 가까운 발음으로 말머리에 오는 일은 없으며, 뒷글자에따라 'ㄴ, ㅁ, ㅇ'등의 받침으로 발음됩니다.

발음 | 撥音 : はつおん

'ん'은 다른 글자 뒤에서 우리말의 받침과 비슷하게 쓰이나, 'ん'의 발음은 다음에 오는 글자에 따라 'ㅁ, ㄴ, ㅇ' 등으로 달라집니다. 발음은 학자들마다 간단하게 3가지~5가지로 나누기도 하나, 아직까지 정설은 없습니다. 이 책에서는 5가지로 나누어 설명합니다.

❶ 'ㅁ(m)'으로 발음할 경우

'ま행, ば행, ぱ행' 앞에 올 때는 우리말의 받침 'ㅁ(m)'으로 발음합니다.

예
- せんむ ▶ 전무
  셈ㅡ무
- ほんもの ▶ 진짜
  홈ㅡ모노
- とんぼ ▶ 잠자리
  톰ㅡ보
- ほんぶ ▶ 본부
  홈ㅡ부
- えんぴつ ▶ 연필
  엠ㅡ삐쯔
- さんぽ ▶ 산책
  삼ㅡ뽀

❷ 'ㄴ(n)'으로 발음할 경우

'ざ행, た행, だ행, な행, ら행' 앞에 올 때는 우리말의 받침 'ㄴ(n)'으로 발음합니다.

예
- かんじ ▶ 한자
  칸ㅡ지
- はんたい ▶ 반대
  한ㅡ따이
- おんど ▶ 온도
  온ㅡ도
- おんな ▶ 여자
  온ㅡ나
- けんり ▶ 권리
  켄ㅡ리

❸ 'ㅇ(ng)'으로 발음할 경우

'か행, が행' 앞에 올 때는 우리말의 받침 'ㅇ(ng)'으로 발음합니다.

예
- げんき ▶ 건강
  겡ㅡ끼
- けんか ▶ 싸움
  켕ㅡ까
- まんが ▶ 만화
  망ㅡ가
- ぜんご ▶ 전후
  젱ㅡ고

❹ 'ㄴ(n)'과 'ㅇ(ng)'의 중간 음으로 발음할 경우

'さ, は행' 앞에 올 때는 우리말의 'ㄴ'도, 'ㅇ'도 아닌 그 중간쯤에 해당되는 발음입니다. 여기서는 편의상 'ㄴ(n)'으로 표기합니다.

예
- でんしゃ ▶ 전차
  덴ㅡ샤
- よんはい ▶ 네 그릇
  욘ㅡ하이

❺ 콧소리 모음으로 발음할 경우

'ん'이 모음이나 반모음의 앞에 오거나 말의 끝에 올 때는 자음이 아닌 콧소리 모음으로 발음해야 합니다. 여기서는 편의상 'ㅇ(ng)'으로 표기합니다.

예
- れんあい ▶ 연애
  랭ㅡ아이
- せんい ▶ 섬유
  셍ㅡ이
- ほんや ▶ 서점
  홍ㅡ야
- でんわ ▶ 전화
  뎅ㅡ와
- ねだん ▶ 가격
  네당ㅡ
- ごはん ▶ 밥
  고항ㅡ

가타카나 청음

가타카나는 외래어에 많이 쓰이며, 의성어·의태어에도 쓰입니다. 히라가나로 쓰이는 단어라도 강조할 때에는 가타카나를 쓰기도 합니다. 발음은 히라가나의 발음과 동일합니다.

ア행 アイウエオ

아[a]　이[i]　우[u]　에[e]　오[o]

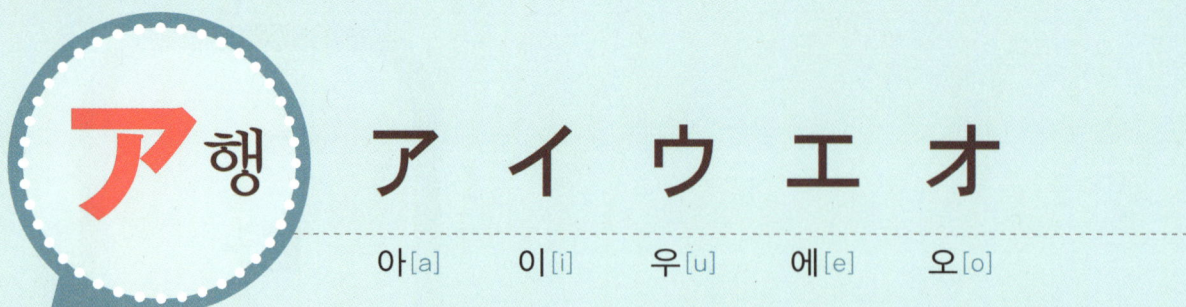

イチゴ
이 찌 고
딸기

ア イスティー
아 이 스 티 -
아이스티

エッグ
엑 - 구
달걀

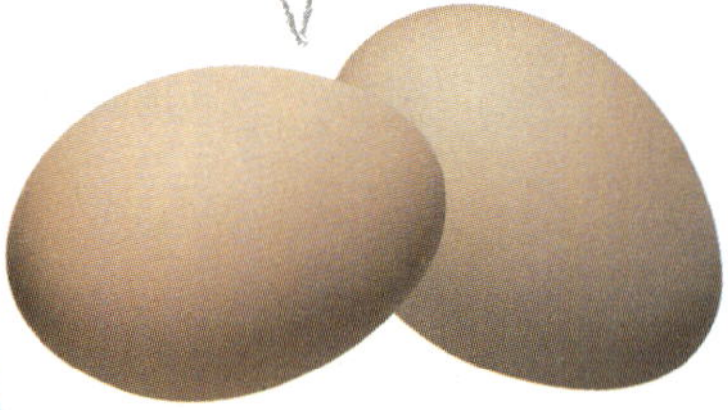

ウィスキー
우 이 스 키 -
위스키

オレンジ
오 렌 - 지
오렌지

アイスティー
아 이 스 티 ー

아[a]

ㄱ ア

아이스티

발음 포인트 히라가나 あ와 발음이 같습니다.

イチゴ
이 찌 고

이[i]

ノ イ

딸기

발음 포인트 히라가나 い와 발음이 같습니다.

ウィスキー
우 이 스 키 -

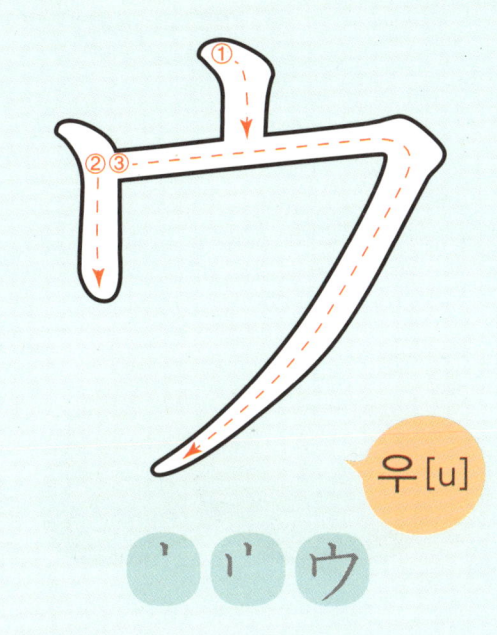

우[u]

위스키

 히라가나 う와 발음이 같습니다.

ウ	ウ				
ウ	ウ				
ウ	ウ				
ウ	ウ				
ウ	ウ				

オレンジ
오 렌- 지

오[o]

一 ナ オ

오렌지

발음 포인트 히라가나 お와 발음이 같습니다.

Track 14

カ행　カ　キ　ク　ケ　コ

카[ka]　키[ki]　쿠[ku]　케[ke]　코[ko]

カレー
카 레 －
카레

ケーキ
케 － 키
케이크

クッキー
쿡 키 －
쿠키

キーウィ
키 － 우 이
키위

コーラ
코 － 라
콜라

カレー
카 레 -

카레

カ 카[ka]

フ カ

발음 포인트 히라가나 か와 발음이 같습니다.

カ	カ				
カ	カ				
カ	カ				
カ	カ				
カ	カ				

키ー우이

키[ki]

히라가나 き와 발음이 같습니다.

ケーキ
케 - 키

케 [ke]

ノ ト ケ

발음 포인트 히라가나 け와 발음이 같습니다.

コーラ
코 - 라

콜라

코 [ko]

ㄱ ㅋ

발음 포인트 히라가나 こ와 발음이 같습니다.

サ행 サ シ ス セ ソ

사[sa]　시[si]　스[su]　세[se]　소[so]

サラダ
사 라 다
샐러드

ステーキ
스 테 - 키
스테이크

ソーダ
소 - 다
탄산음료

シチュー
시 츄 -
스튜

セロリ
세 로 리
셀러리

サラダ
사 라 다

サ 사[sa]

ー + サ

샐러드

발음 포인트 히라가나 さ와 발음이 같습니다.

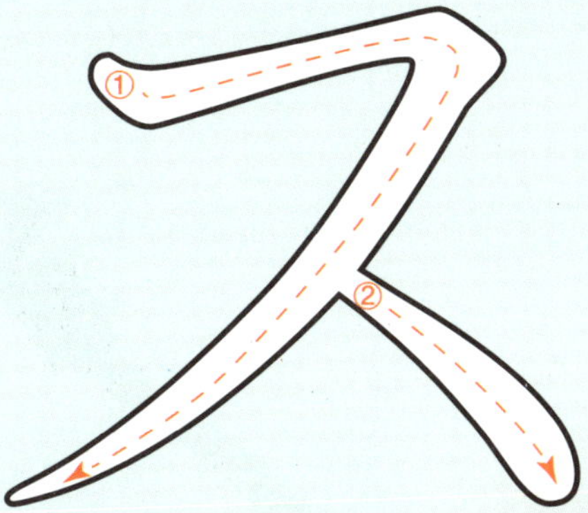

ステーキ
스테-키

ス [su]

フ ス

스테이크

발음 포인트 히라가나 す와 발음이 같습니다.

히라가나 せ와 발음이 같습니다.

タ행 タ チ ツ テ ト

타[ta] 치[chi]츠[tsu] 테[te] 토[to]

ターキー
타 - 키 -
칠면조

チーズ
치 - 즈
치즈

トマト
토 마 토
토마토

キャベツ
캬 베 츠
양배추

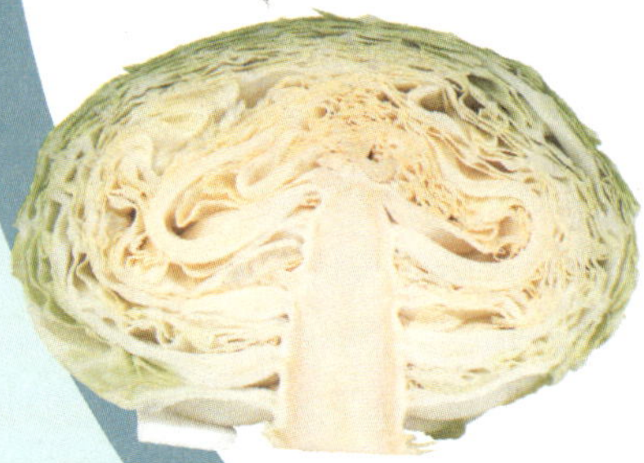

ポテト
포 테 토
감자

チーズ
치 - 즈

치 [chi]

히라가나 ち와 발음이 같습니다.

ポテト
포 테 토

テ 테[te]

一 二 テ

발음 포인트 히라가나 て와 발음이 같습니다.

テ	テ				
テ	テ				
テ	テ				
テ	テ				
テ	テ				

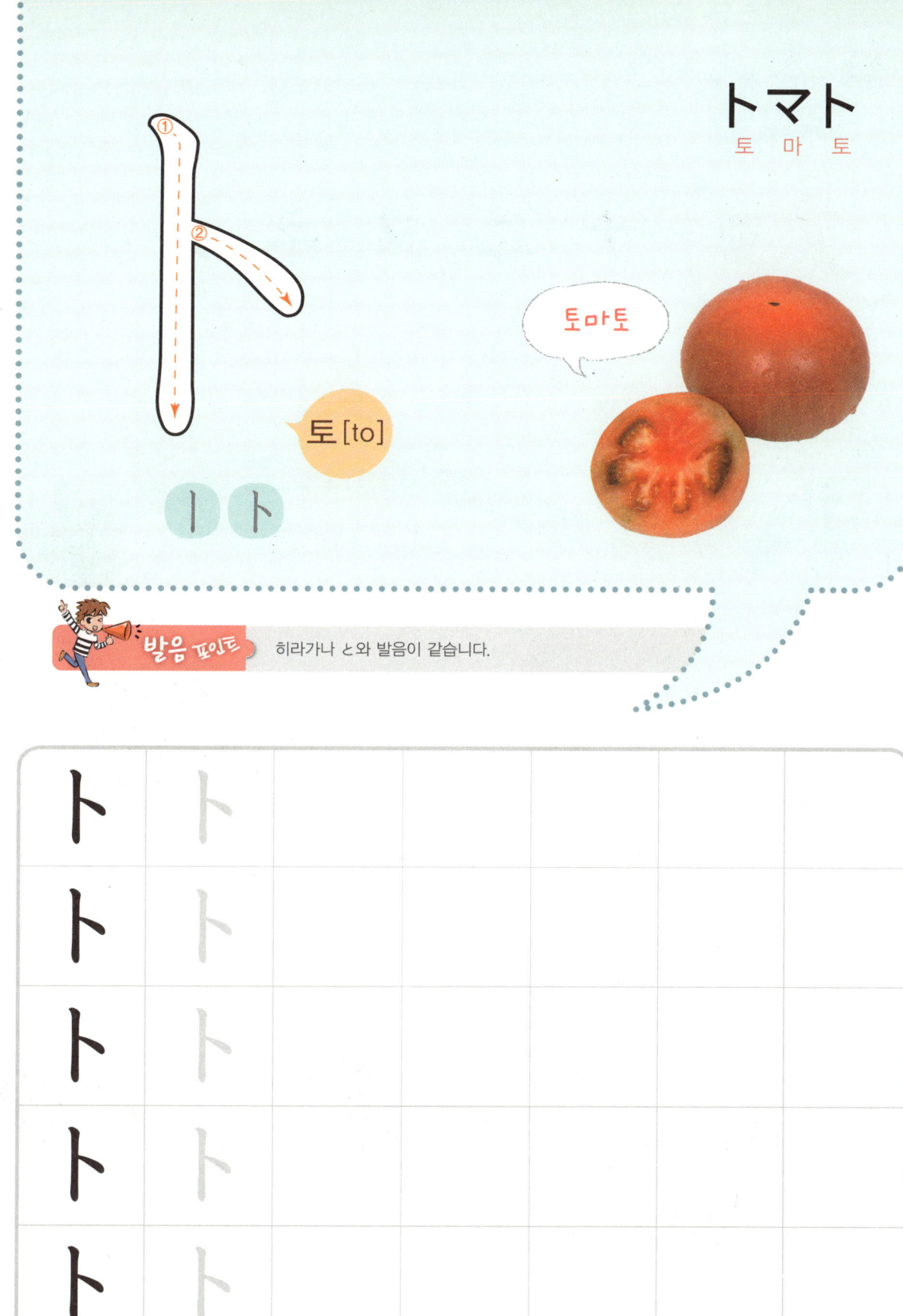

히라가나 と와 발음이 같습니다.

ナ행 ナ ニ ヌ ネ ノ

나[na]　니[ni]　누[nu]　네[ne]　노[no]

バニラ
바니라
바닐라

パイナップル
파이납-뿌루
파인애플

カプチーノ
카푸치-노
카푸치노

ヌードル
누-도루
누들

ネギ
네기
파

パイナップル
파 이 납- 뿌 루

파인애플

나 [na]

ー ナ

발음 포인트 히라가나 な와 발음이 같습니다.

バニラ
바 니 라

니 [ni]

발음 포인트 히라가나 に와 발음이 같습니다.

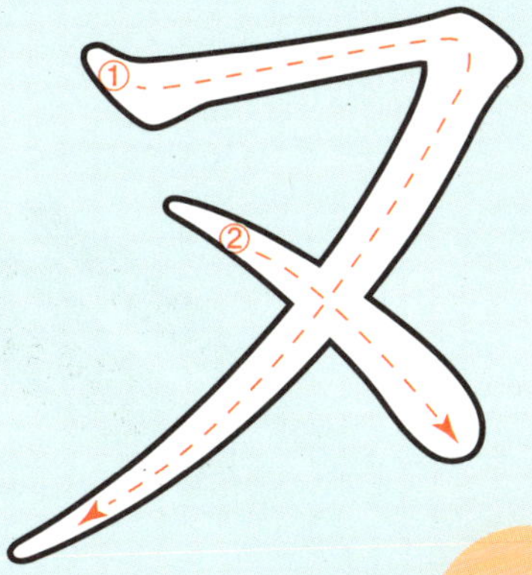

ヌードル
ヌ - ドル
누 - 도루

누들

누 [nu]

フ ヌ

발음 포인트 히라가나 ぬ와 발음이 같습니다.

네 [ne]

` フ ネ ネ

발음 포인트 히라가나 ね와 발음이 같습니다.

ネギ
네 기

파

カプチーノ
카 푸 치 ー 노

노 [no]

카푸치노

발음 포인트 히라가나 の와 발음이 같습니다.

ハ행 ハ ヒ フ ヘ ホ

하[ha] 히[hi] 후[hu] 헤[he] 호[ho]

ヘルシードリンク
헤 루 시 – 도 링 – 쿠
건강음료

フライ
후 라 이
프라이

コーヒー
코 – 히 –
커피

ホットケーキ
홋– 또 케 – 키
핫케이크

ハム
하 무
햄

ヘルシードリンク
헤 루 시 - 도 링- 쿠

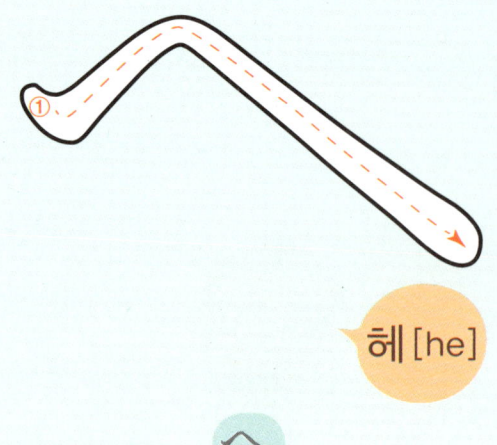

헤 [he]

건강음료

 히라가나 へ와 발음이 같습니다.

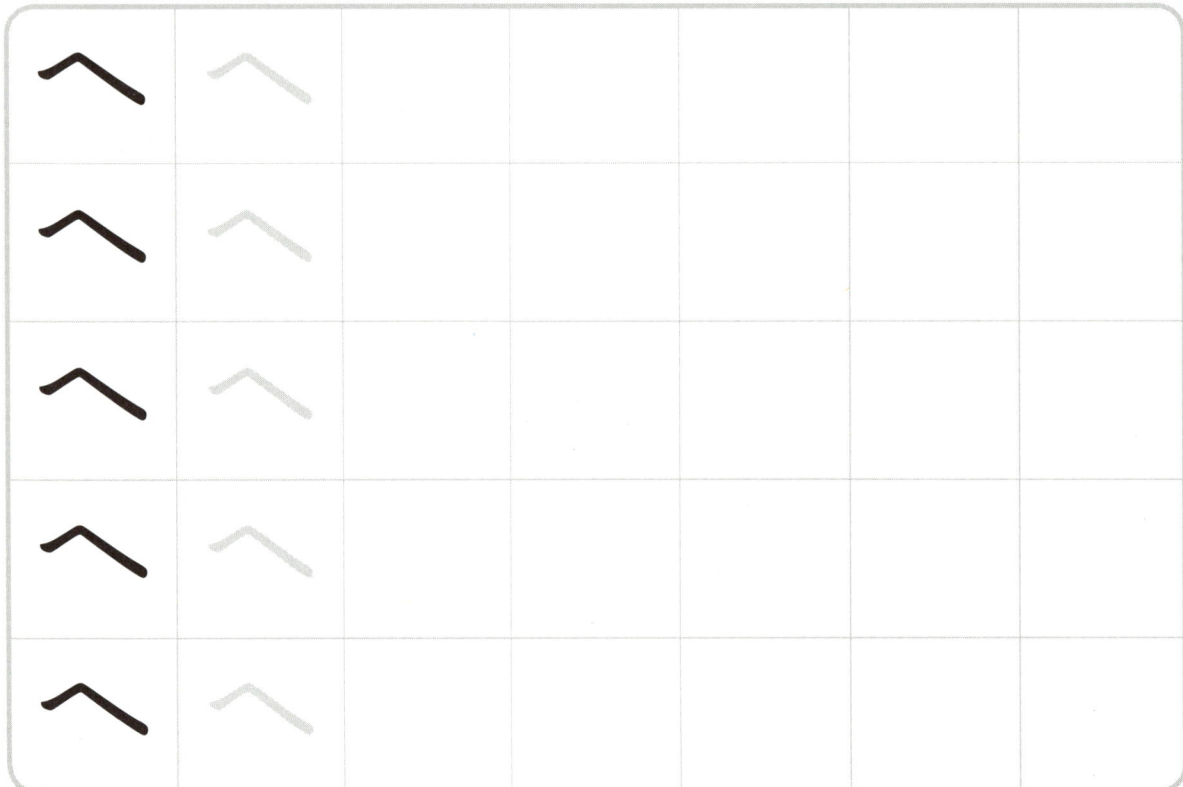

ホットケーキ
홋ー 또 케ー키

호 [ho]

ー 十 才 ホ

핫케이크

발음 포인트 히라가나 ほ와 발음이 같습니다.

ホ	ホ				
ホ	ホ				
ホ	ホ				
ホ	ホ				
ホ	ホ				

マ행 マ ミ ム メ モ

마 [ma]　미 [mi]　무 [mu]　메 [me]　모 [mo]

マカロニ
마 카 로 니
마카로니

ミルク
미 루 꾸
우유

アー**モ**ンド
아 — 몬 도
아몬드

メロン
메 론 —
메론

キ**ム**チ
키 무 치
김치

ヤ행 ヤ　ユ　ヨ

야[ya]　　유[yu]　　요[yo]

パパイヤ
파 파 이 야
파파야

ヨーグルト
요 - 구 루 토
요구르트

ユズ
유 즈
유자

パパイヤ
파 파 이 야

야[ya]

파파야

발음 포인트 히라가나 や와 발음이 같습니다.

ラ행 ラ リ ル レ ロ

라[ra] 리[ri] 루[ru] 레[re] 로[ro]

ライム
라이무
라임

チェリー
체리-
체리

ロールケーキ
로-루케-키
롤케이크

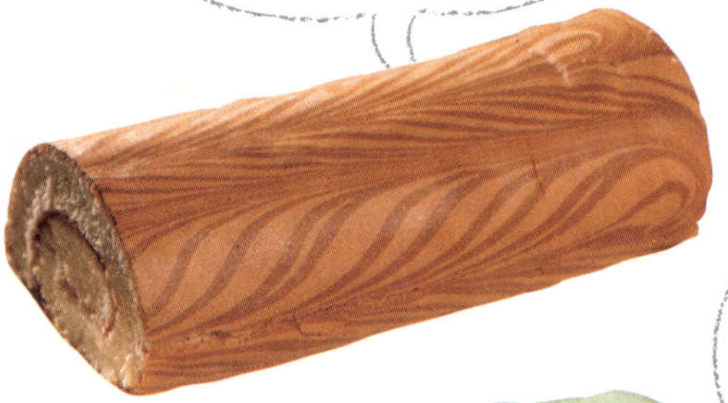

レモン
레몬-
레몬

アップル
압-뿌루
사과

ライム
라이무

ラ 라[ra]

ー ラ

발음 포인트 히라가나 ら와 발음이 같습니다.

라임

히라가나 り와 발음이 같습니다.

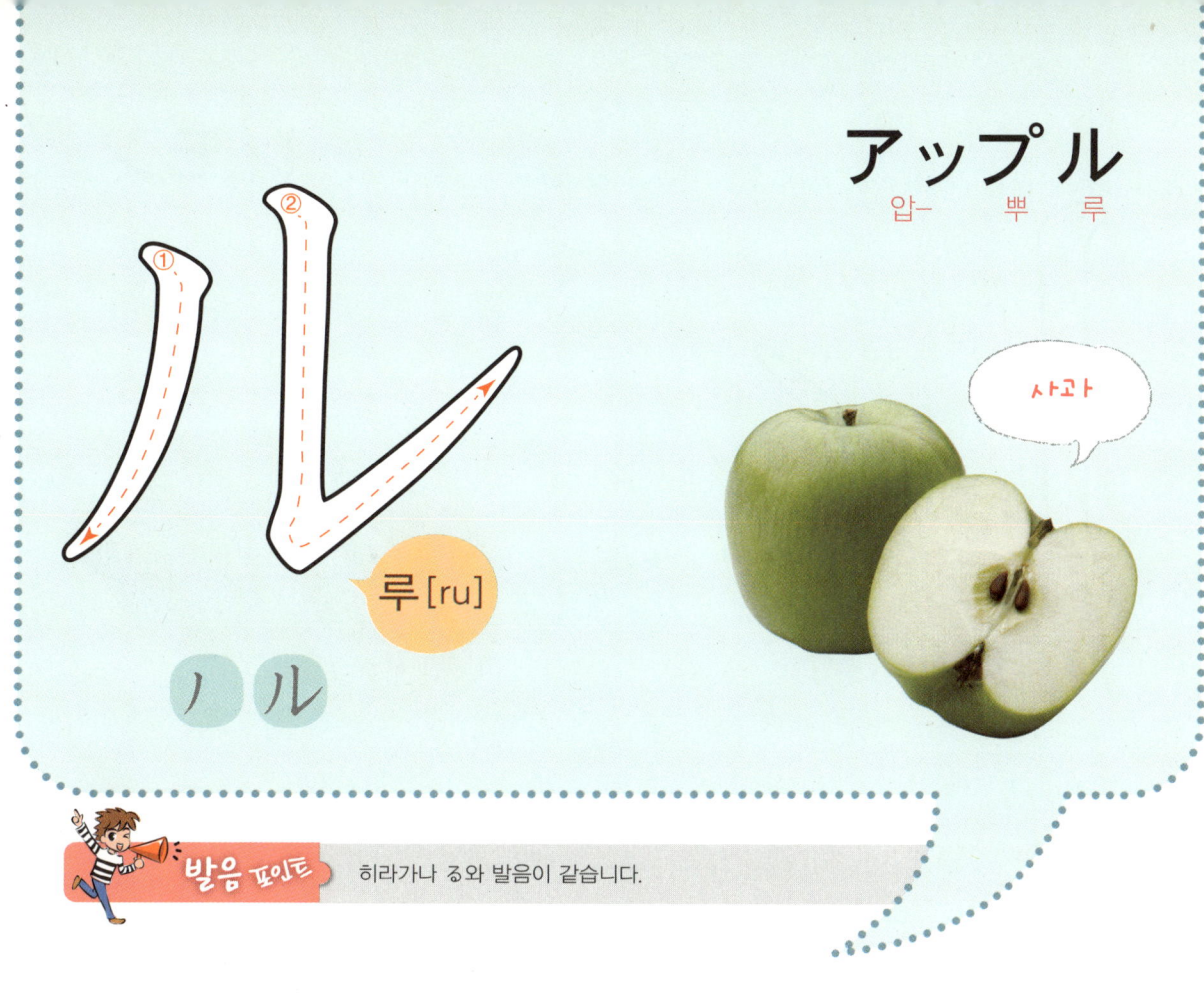

アップル
압뿌루

ル 루[ru]
ノ ル

발음 포인트 히라가나 る와 발음이 같습니다.

ル	ル				
ル	ル				
ル	ル				
ル	ル				
ル	ル				

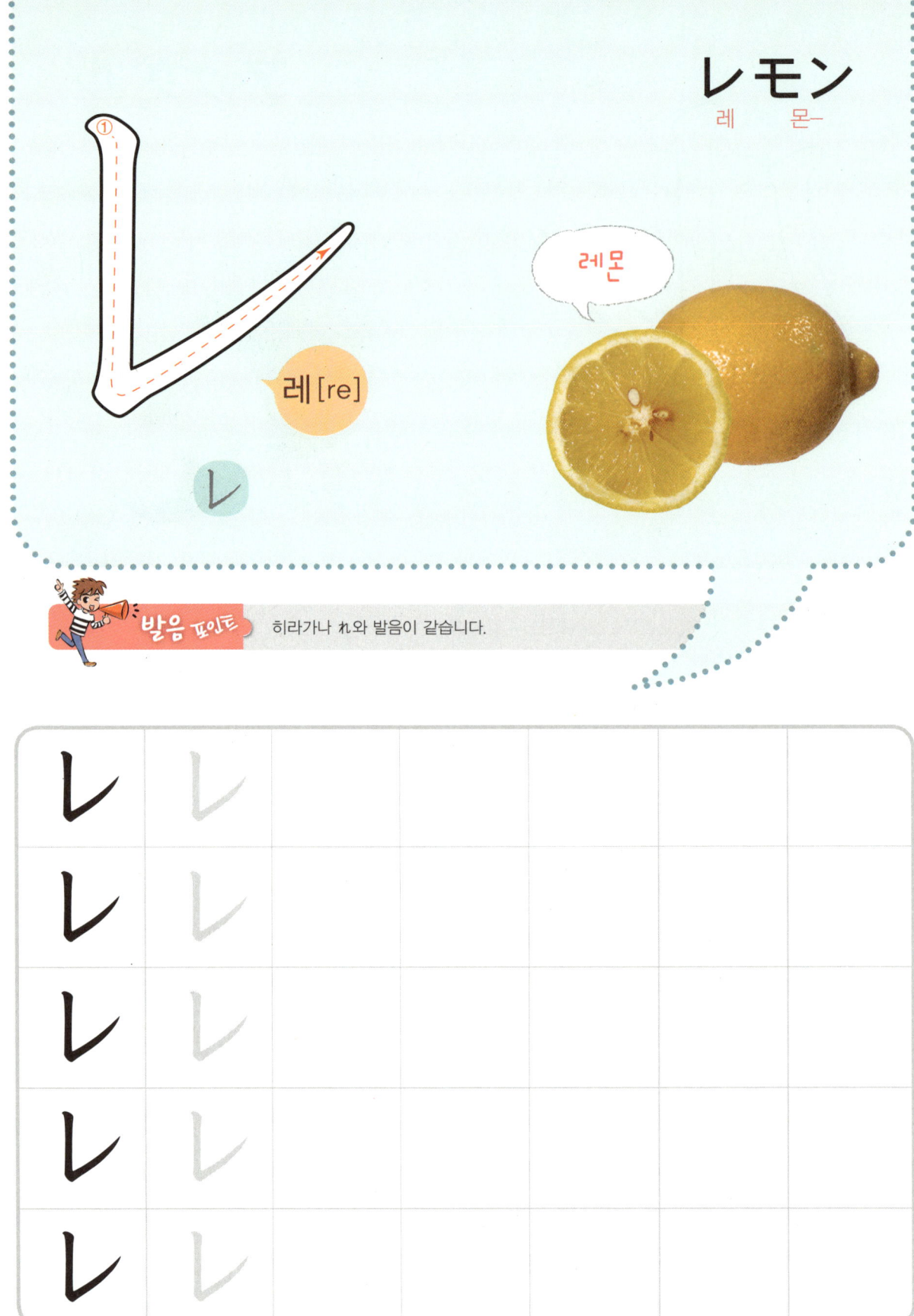

ロールケーキ
로 - 루 케 - 키

로 [ro]

ㅣ ㄱ ㅁ

롤케이크

발음 포인트 히라가나 ろ와 발음이 같습니다.

ワ행　ワ　ヲ　ン

와 [wa]　오 [wo]　응 [N]

ワイン
와 인-
와인

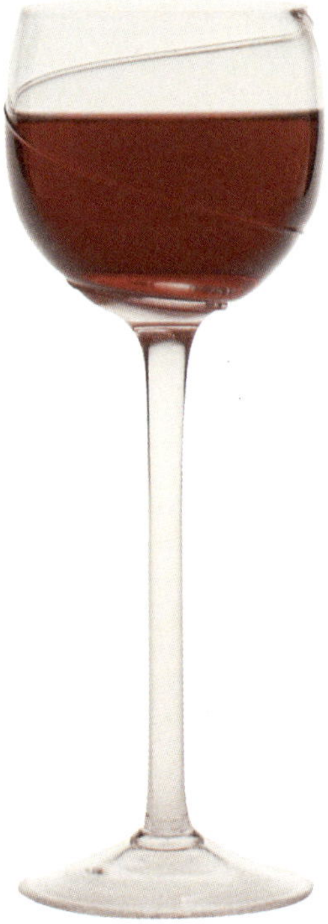

パン
팡-
빵

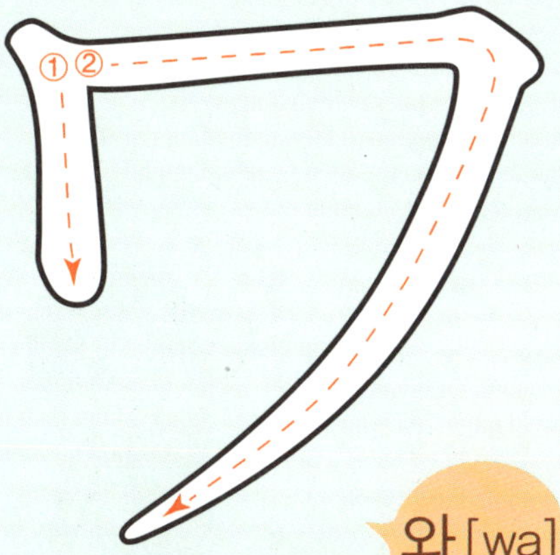

ワイン
와 인-

와인

와 [wa]

ㅣ ワ

발음 포인트 히라가나 わ와 발음이 같습니다.

オ [wo]

발음 포인트 히라가나 を와 발음이 같습니다.

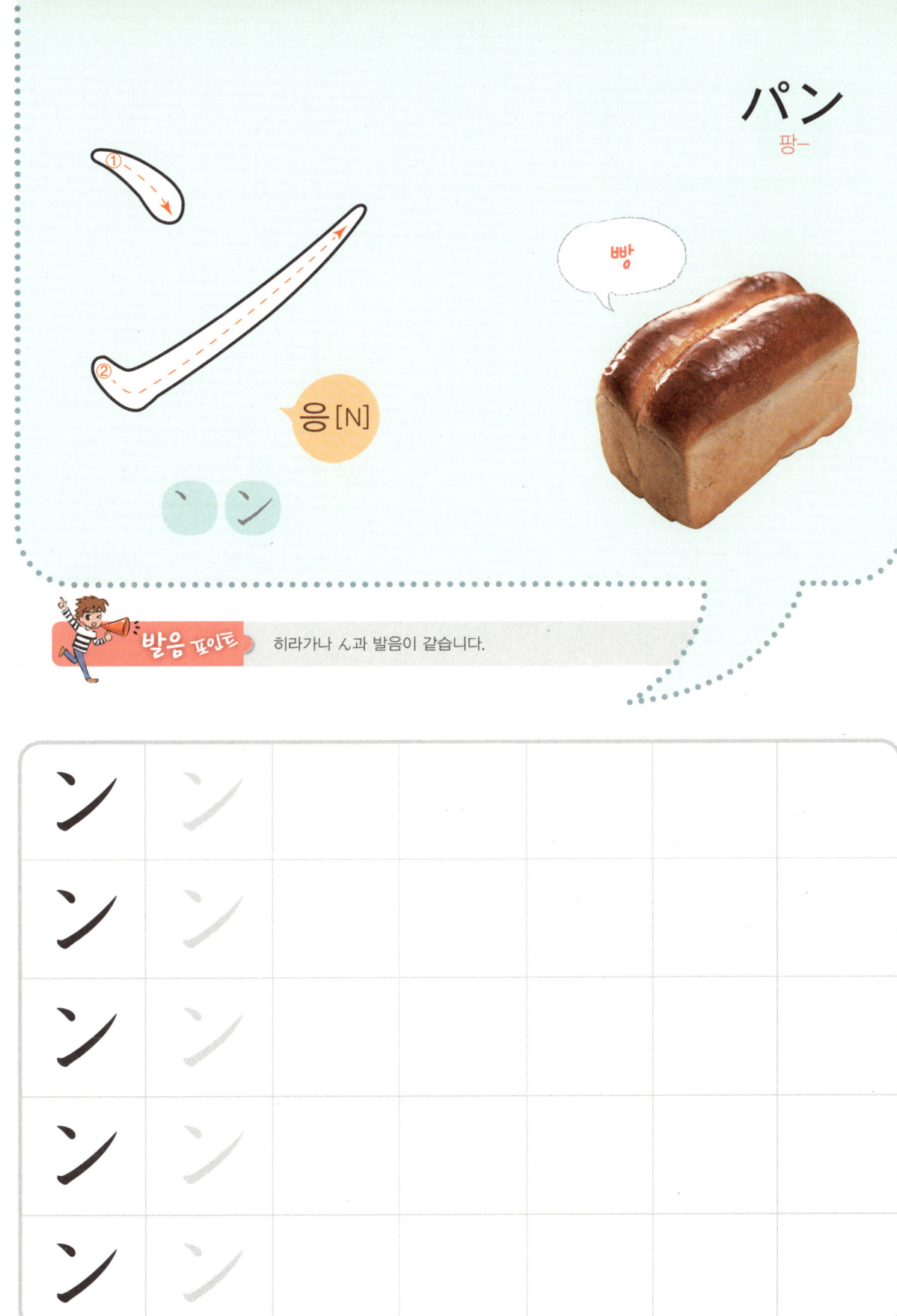

장음

장음이란 모음을 다른 음의 두 배로 길게 발음하는 것을 말합니다. 일본에서는 장음인가 아닌가에 따라 의미가 전혀 달라지므로 주의하여 발음하도록 합시다.

◆ 히라가나 장음

❶ a단 + あ = a: (a단 길게 발음)
- おかあさん ▶ 어머님
  오까ー상ー

❷ i단 + い = i: (i단 길게 발음)
- おにいさん ▶ 오빠, 형
  오니ー상ー

❸ u단 + う = u: (u단 길게 발음)
- ふうふ ▶ 부부
  후ー후

❹ e단 + え = e: (e단 길게 발음)
- おねえさん ▶ 언니, 누나
  오네ー상ー

❺ e단 + い = e: (e단 길게 발음)
- せんせい ▶ 선생님
  센ー세ー

❻ o단 + お = o: (o단 길게 발음)
- おおきい ▶ 크다
  오ー끼ー

❼ o단 + う = o: (o단 길게 발음)
- おとうさん ▶ 아버님
  오또ー상ー

◆ 가타카나 장음

가타카나에서 장음을 「ー」으로 표시합니다.

예
- コーヒー ▶ 커피
  코ー히ー
- コーラ ▶ 콜라
  코ー라
- コンピューター ▶ 컴퓨터
  콤ー퓨ー타ー

※ 장음의 여부에 따라 달라지는 단어

① おばあさん ↔ おばさん
  오바ー상ー   오바상ー
  할머니   아주머니

② おじいさん ↔ おじさん
  오지ー상ー   오지상ー
  할아버지   아저씨

③ ゆうき ↔ ゆき
  유ー끼   유끼
  용기   눈

④ めいし ↔ めし
  메ー시   메시
  명함   밥

⑤ ビール ↔ ビル
  비ー루   비루
  맥주   빌딩

히라가나·가타카나의
탁음·반탁음

히라가나, 가타카나의 'か행, さ행, た행, は행'에 탁점(")과 반탁점(°)을 붙여서 표기하는 글자입니다. 발음은 성대를 울려서 내는 유성음입니다.

 **행** が ぎ ぐ げ ご
가[ga] 기[gi] 구[gu] 게[ge] 고[go]

우리말 '가·기·구·게·고'와 비슷하나, 성대를 울려서 내는 유성음입니다.
'구'는 우리말 'ㅡ'와 'ㅜ'의 중간음입니다.

작게 써보기

が 가[ga]	が			が	
ぎ 기[gi]	ぎ			ぎ	
ぐ 구[gu]	ぐ			ぐ	
げ 게[ge]	げ			げ	
ご 고[go]	ご			ご	

 들어봐

예제문장

- がんばれ! 〈힘내!〉
  감―바레
- ぎりぎりです 〈아슬아슬합니다〉
  기리기리데스
- ぐうぜんです 〈우연이에요〉
  구―젠―데스
- げんきですか 〈잘지내세요?〉
  겡―끼데스까
- ごちそうさまでした 〈잘 먹었습니다〉
  고찌소―사마데시따

 **행** ざ じ ず ぜ ぞ
자 [za]　지 [zi]　즈 [zu]　제 [ze]　조 [zo]

Track 24

우리말 '자·지·즈·제·조'와 비슷하나 영어 알파벳 'z'로 표기되며, 성대를 울려서 내는 유성음입니다. ず는 우리말의 '즈'와 '주'의 중간음으로 '즈'에 가까운 소리가 납니다.

작게 써보기

ざ 자[za]	ざ				ざ	
じ 지[zi]	じ				じ	
ず 즈[zu]	ず				ず	
ぜ 제[ze]	ぜ				ぜ	
ぞ 조[zo]	ぞ				ぞ	

 들어봐

예제문장

- ありがとうござ います 〈감사합니다〉
  아리가또―고자이마스
- じつは 〈실은...〉
  지쯔와
- おみずください 〈물 주세요〉
  오미즈쿠다사이
- ぜんぜん 〈전혀〉
  젠―젠―
- どうぞ 〈드세요〉
  도―조

だ행 　だ ぢ づ で ど
　　　[da] [zi] [zu] [de] [do]

우리말 '다·지·즈·데·도'와 비슷하나 성대를 울려서 내는 소리라는 점에서 다릅니다. ぢ는 じ[zi]와, づ는 ず[zu]와 거의 발음이 같습니다. 두 글자 모두 현대어에서는 많이 사용하지 않습니다.

だ [da]	> だ				だ	
ぢ [zi]	> ぢ				ぢ	
づ [zu]	> づ				づ	
で [de]	> で				で	
ど [do]	> ど				ど	

예제문장

- だいじょうぶです 〈괜찮아요〉
  다이죠-부데스
- はなぢがでた 〈코피 났어〉
  하나지가데따
- じかいにつづく 〈다음회에 계속〉
  지까이니쯔즈쿠
- でかけましょう 〈외출합시다〉
  데카께마쇼-
- どういたしまして 〈천만에요〉
  도-이따시마시떼

 **ば행** ば[바ba] び[비bi] ぶ[부bu] べ[베be] ぼ[보bo]

Track 26

우리말 '바·비·부·베·보'와 비슷하나 성대를 울려서 내는 소리입니다. ぶ는 우리말 '부'와 '브'의 중간음으로 '부'에 가까운 소리가 납니다.

작게 써보기

ば 바[ba]	ば			ば	
び 비[bi]	び			び	
ぶ 부[bu]	ぶ			ぶ	
べ 베[be]	べ			べ	
ぼ 보[bo]	ぼ			ぼ	

 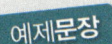 들어봐

예제문장

- ばか! 〈바보!〉
  바 까
- びっくりした 〈깜짝 놀랐어〉
  빅- 꾸리시따
- あぶない! 〈위험해!〉
  아 부 나 이
- べつに 〈별로, 그다지〉
  베쯔니
- おぼえている 〈기억하고 있어〉
  오 보 에 떼 이 루

 **행** ぱ ぴ ぷ ぺ ぽ
파 피 푸 페 포
[pa] [pi] [pu] [pe] [po]

우리말의 'ㅍ, ㅃ'의 발음으로 단어의 가운데 또는 끝에서는 '빠·삐·뿌·뻬·뽀'로 발음되며, 그 이외에서는 '파·피·푸·페·포'에 가깝게 발음합니다. ぷ는 '푸'와 '프'의 중간음으로 '푸'에 가깝게 발음합니다.

ぱ 파[pa]	ぱ			ぱ	
ぴ 피[pi]	ぴ			ぴ	
ぷ 푸[pu]	ぷ			ぷ	
ぺ 페[pe]	ぺ			ぺ	
ぽ 포[po]	ぽ			ぽ	

예제문장

 들어봐

- はくしゅをぱちぱち 〈박수를 짝짝〉
  하쿠슈 오 파찌빠찌
- したがぴりぴり 〈혀가 얼얼!〉
  시따 가 피리삐리
- ぷかぷかうかぶ 〈둥실둥실 뜨다〉
  푸까뿌까 우까부
- おなかぺこぺこ 〈배가 꼬르륵〉
  오나까 뻬꼬뻬꼬
- あめがぽつりぽつり 〈빗방울이 뚝뚝〉
  아메가 포쯔리뽀쯔리

 **ガ**행 ガ ギ グ ゲ ゴ
가[ga] 기[gi] 구[gu] 게[ge] 고[go]

발음포인트
히라가나 'が・ぎ・ぐ・げ・ご'와 발음이 같습니다.

작게 써보기

ガ 가[ga]	ガ			ガ		
ギ 기[gi]	ギ			ギ		
グ 구[gu]	グ			グ		
ゲ 게[ge]	ゲ			ゲ		
ゴ 고[go]	ゴ			ゴ		

 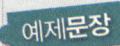

예제문장

- ガム 〈껌〉
  가 무
- ウナギ 〈장어〉
  우 나 기
- グレープ 〈포도〉
  구 레 ― 뿌
- ナゲット 〈너겟〉
  나 겟― 또
- ゴマ 〈깨〉
  고 마

 **행** ザ ジ ズ ゼ ゾ
자 [za] 지 [zi] 즈 [zu] 제 [ze] 조 [zo]

> 발음포인트
> 히라가나 'ざ·じ·ず·ぜ·ぞ'와 발음이 같습니다.

작게 써보기

| ザ 자 [za] | ザ | | | | ザ | | |

| ジ 지 [zi] | ジ | | | | ジ | | |

| ズ 즈 [zu] | ズ | | | | ズ | | |

| ゼ 제 [ze] | ゼ | | | | ゼ | | |

| ゾ 조 [zo] | ゾ | | | | ゾ | | |

 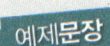

예제문장

- ザクロ 〈석류〉
  자꾸로
- ジンジャーエール 〈진저에일〉
  진- 쟈 -에루
- マヨネーズ 〈마요네즈〉
  마요네-즈
- ゼリー 〈제리〉
  제리-
- リゾット 〈리조또 ; risotto〉
  리 좃 또

 행   ダ　ヂ　ヅ　デ　ド
　　　다　지　즈　데　도
　　[da] [zi] [zu] [de] [do]

발음포인트
히라가나 'だ・ぢ・づ・で・ど'와 발음이 같습니다.

작게 써보기

| ダ 다[da] | ダ | | | ダ | |

| ヂ 지[zi] | ヂ | | | ヂ | |

| ヅ 즈[zu] | ヅ | | | ヅ | |

| デ 데[de] | デ | | | デ | |

| ド 도[do] | ド | | | ド | |

 들어봐

예제문장

- ダイエットコーラ 〈다이어트 콜라〉
  다이엣ー또코ー라
- チヂミ 〈전〉
  치지미
- デザート 〈디저트〉
  데자ー또
- ドリア 〈도리아〉
  도리아

 행 バ ビ ブ ベ ボ
바 [ba] 비 [bi] 부 [bu] 베 [be] 보 [bo]

Track 31

히라가나 'ば・び・ぶ・べ・ぼ'와 발음이 같습니다.

발음포인트

작게 써보기

| バ 바 [ba] |
| ビ 비 [bi] |
| ブ 부 [bu] |
| ベ 베 [be] |
| ボ 보 [bo] |

 들어봐

예제문장

- バター 〈버터〉
  바 타 -
- ビール 〈맥주〉
  비 - 루
- ブルーベリー 〈블루베리〉
  부루 - 베리 -
- ベーコン 〈베이컨〉
  베 - 콘
- アボカド 〈아보카도〉
  아보까도

134

 パ행

パ	ピ	プ	ペ	ポ
파 [pa]	피 [pi]	푸 [pu]	페 [pe]	포 [po]

Track 32

히라가나 'ぱ・ぴ・ぷ・ぺ・ぽ'와 발음이 같습니다.

발음포인트

작게 써보기

パ 파 [pa]

ピ 피 [pi]

プ 푸 [pu]

ペ 페 [pe]

ポ 포 [po]

 들어봐

예제문장

- パスタ 〈파스타〉
  파스따
- ピザ 〈피자〉
  피자
- プリン 〈푸딩〉
  푸링-
- ペッパー 〈후추〉
  펩-파-
- ポークカツレツ 〈포크 커틀릿〉
  포-쿠카츠레츠

135

촉음

'っ'를 원래의 1/2 크기로 썼을 때는 우리말의 받침처럼 쓰이며, 다음에 오는 음에 따라 발음이 달라집니다.

즉 'か행' 앞에 오면 'ㄱ'받침으로, 'さ행'과 'た행' 앞에 오면 'ㅅ'받침으로, 'ぱ행' 앞에 오면 'ㅂ'받침으로 발음합니다. 또한 길이도 길게 끌어서 발음합니다.

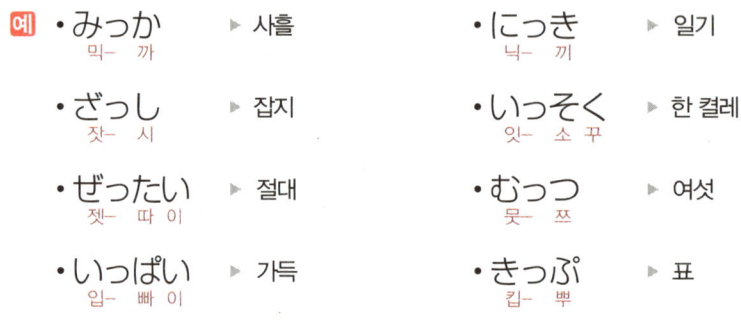

써보세요

みっか	みっか		
にっき	にっき		
ざっし	ざっし		
いっそく	いっそく		
ぜったい	ぜったい		
むっつ	むっつ		
いっぱい	いっぱい		
きっぷ	きっぷ		

요음

모음 い를 제외한 'い단'의 글자 오른쪽 옆에 'や, ゆ, よ'를 1/2 크기로 써서 표기합니다. 발음은 우리말의 'ㅑ, ㅠ, ㅛ'와 비슷합니다.

きゃ	きゅ	きょ
캬[kya]	큐[kyu]	쿄[kyo]

우리말 '캬·큐·쿄'의 발음에 가깝습니다.

발음포인트

きゃ 캬[kya] > きゃ				
きゅ 큐[kyu] > きゅ				
きょ 쿄[kyo] > きょ				

예제문장

おきゃくさま、こちらです
오 꺄 꾸사마 코찌라데스
〈손님, 이쪽입니다〉

きょとんとする 〈어리둥절하다〉
쿄 똔— 또스루

ぎゃ	ぎゅ	ぎょ
갸[gya]	규[gyu]	교[gyo]

우리말 '갸·규·교'의 발음과 비슷하나, 성대를 울려서 내는 유성음입니다.

발음포인트

ぎゃ 갸[gya] > ぎゃ				
ぎゅ 규[gyu] > ぎゅ				
ぎょ 교[gyo] > ぎょ				

예제문장

ぎゃくです 〈반대입니다〉
갸 꾸데스

ぎゅっとだきしめて！ 〈꽉 안아줘!〉
굿— 또다끼시메떼

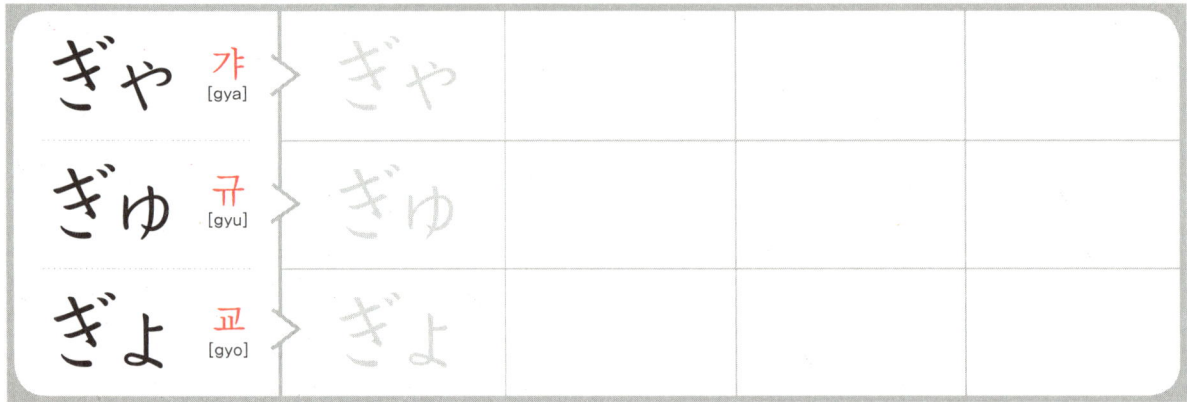

しゃ	しゅ	しょ
샤 [sya]	슈 [syu]	쇼 [syo]

발음포인트: 우리말 '샤·슈·쇼'의 발음에 가깝습니다.

しゃ 샤 [sya]	>	しゃ		
しゅ 슈 [syu]	>	しゅ		
しょ 쇼 [syo]	>	しょ		

예제문장

ごしゅみは？ 〈취미가 뭐에요?〉
　고 슈 미 와

しょうがないなあ 〈어쩔 수 없어〉
　쇼- 가 나 이 나-

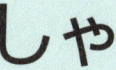

じゃ	じゅ	じょ
쟈 [zya]	쥬 [zyu]	죠 [zyo]

발음포인트: 우리말 '쟈·쥬·죠'의 발음과 비슷하나, 영어 알파벳 'z'로 표기되며 성대를 울려서 내는 유성음입니다.

じゃ 쟈 [zya]	>	じゃ		
じゅ 쥬 [zyu]	>	じゅ		
じょ 죠 [zyo]	>	じょ		

예제문장

じゃあね 〈안녕 – 헤어질 때〉
　쟈- 네

じゅうぶんです 〈충분합니다〉
　쥬- 분 데 스

139

ちゃ	ちゅ	ちょ
챠 [cya]	츄 [cyu]	쵸 [cyo]

발음포인트: 우리말 '챠·츄·쵸'의 발음에 가깝습니다.

ちゃ 챠 [cya]	ちゃ		
ちゅ 츄 [cyu]	ちゅ		
ちょ 쵸 [cyo]	ちょ		

예제문장
ちゃんとして！ 〈제대로 해!〉
챤 — 또시떼
ちゅういしなさい！ 〈주의하세요!〉
츄 — 이시나사이

にゃ	にゅ	にょ
냐 [nya]	뉴 [nyu]	뇨 [nyo]

발음포인트: 우리말 '냐·뉴·뇨'의 발음과 비슷합니다.

にゃ 냐 [nya]	にゃ		
にゅ 뉴 [nyu]	にゅ		
にょ 뇨 [nyo]	にょ		

예제문장
にゅういんしました 〈입원했어요〉
뉴 — 인 — 시마시따
うちのにょうぼうです
우찌노 뇨 — 보 — 데스
〈저의 부인입니다〉

| ひゃ 햐 [hya] | ひゅ 휴 [hyu] | ひょ 효 [hyo] |

예제문장  Track 39

- ひゃくえんです
  햐 꾸 엔- 데스
  〈100엔입니다〉
- ひょっとしたら
  횻- 또 시따라
  〈어쩌면……〉

■ 우리말 '햐·휴·효'의 발음에 가깝습니다.

| びゃ 뱌 [bya] | びゅ 뷰 [byu] | びょ 뵤 [byo] |

예제문장  Track 40

- さんびゃくえんです
  삼- 뱌꾸 엔- 데스
  〈300엔입니다〉
- びゅんびゅん
  뷴- 뷴-
  〈붕붕〉

■ 우리말 '뱌·뷰·뵤'의 발음과 비슷하나, 성대를 울려서 내는 유성음입니다.

| ぴゃ 퍄 [pya] | ぴゅ 퓨 [pyu] | ぴょ 표 [pyo] |

예제문장 Track 41

- はっぴゃくえんです
  합- 빠꾸 엔- 데스
  〈800엔입니다〉
- ぴょんぴょん
  푱- 푱-
  〈깡충깡충〉

■ 우리말 '퍄·퓨·표'의 발음과 비슷하나 단어의 가운데 또는 끝에 올 경우, '뺘·쀼·뾰'에 가까운 소리가 납니다.

ひゃ 햐 [hya]	ひゃ		
ひゅ 휴 [hyu]	ひゅ		
ひょ 효 [hyo]	ひょ		

びゃ 뱌 [bya]	びゃ	ぴゃ 퍄 [pya]	ぴゃ
びゅ 뷰 [byu]	びゅ	ぴゅ 퓨 [pyu]	ぴゅ
びょ 뵤 [byo]	びょ	ぴょ 표 [pyo]	ぴょ

みゃ 먀[mya]	みゅ 뮤[myu]	みょ 묘[myo]

우리말 '먀·뮤·묘'의 발음에 가깝습니다.

みゃ 먀[mya]	みゃ			
みゅ 뮤[myu]	みゅ			
みょ 묘[myo]	みょ			

예제문장
- みゃくをとる 〈맥을 짚다〉
  먀 꾸오토루
- びみょう 〈미묘해〉
  비 묘 -

りゃ 랴[rya]	りゅ 류[ryu]	りょ 료[ryo]

우리말 '랴·류·료'의 발음에 가깝습니다.

りゃ 랴[rya]	りゃ			
りゅ 류[ryu]	りゅ			
りょ 료[ryo]	りょ			

예제문장
- そりゃ、そうだよ 〈그건 그래〉
  소 랴 소 - 다요
- りょうかい！ 〈알았어〉
  료 - 까이

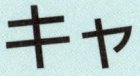

| キャ [kya] | キュ [kyu] | キョ [kyo] |

히라가나 'きゃ・きゅ・きょ'와 발음이 같습니다.

예제단어

キャラメル 〈카라멜〉
캬 라 메 루

キュウリ 〈오이〉
큐 - 리

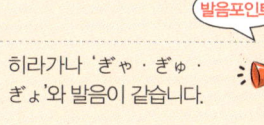

| ギャ [gya] | ギュ [gyu] | ギョ [gyo] |

히라가나 'ぎゃ・ぎゅ・ぎょ'와 발음이 같습니다.

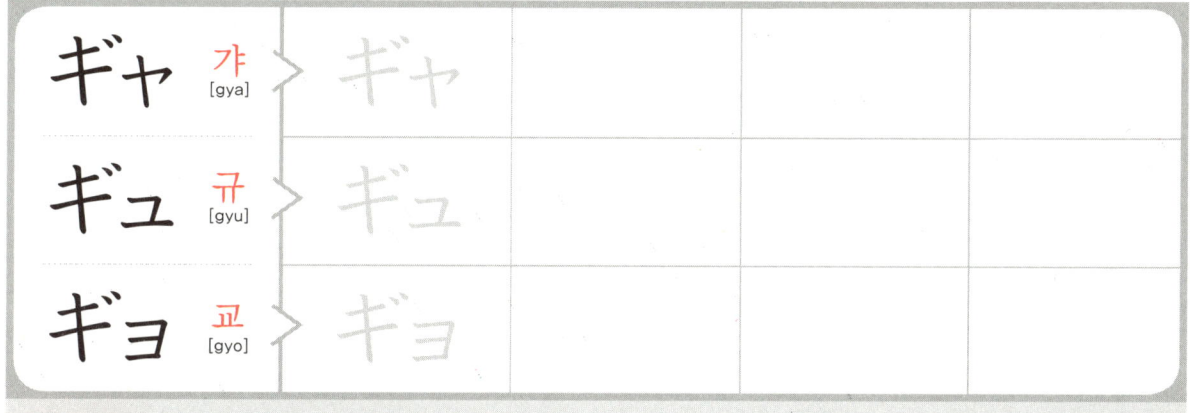

예제단어

ギュウにく 〈소고기〉
규 - 니꾸

ギョーザ 〈만두〉
교 - 자

Track 46

シャ	シュ	ショ
샤[sya]	슈[syu]	쇼[syo]

발음포인트: 히라가나 'しゃ·しゅ·しょ'와 발음이 같습니다.

예제단어
- シャンパン 〈샴페인〉 샴-팡-
- フィッシュバーガー 〈휘쉬버거〉 휫-슈-바-가-

Track 47

ジャ	ジュ	ジョ
쟈[zya]	쥬[zyu]	죠[zyo]

발음포인트: 히라가나 'じゃ·じゅ·じょ'와 발음이 같습니다.

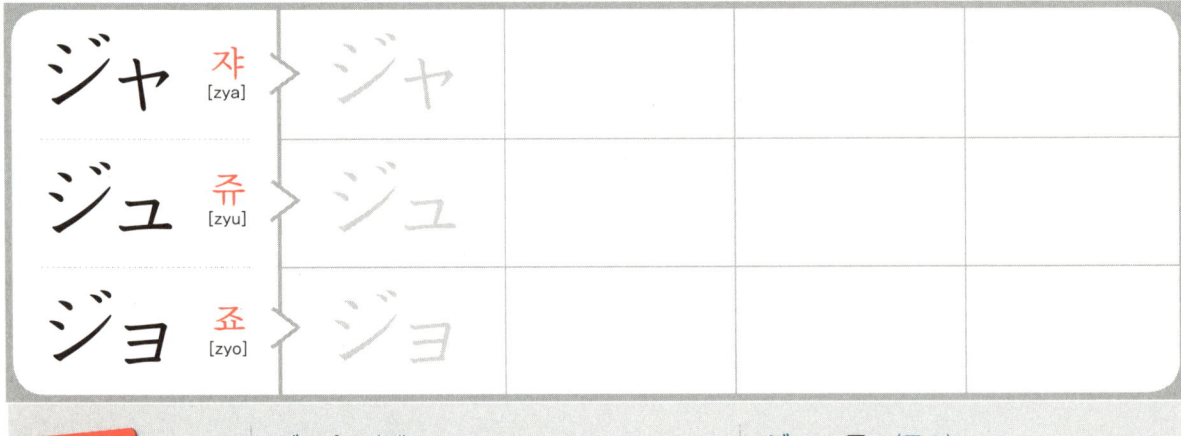

예제단어
- ジャム 〈잼〉 쟈무
- ジュース 〈주스〉 쥬-스

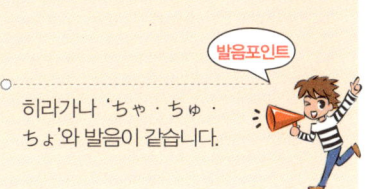

チャ 챠[cya]	チュ 츄[cyu]	チョ 쵸[cyo]

히라가나 'ちゃ・ちゅ・ちょ'와 발음이 같습니다.

チャ 챠[cya]	チャ			
チュ 츄[cyu]	チュ			
チョ 쵸[cyo]	チョ			

예제단어 チャーハン 〈볶음밥〉 チュウハイ 〈탄산음료를 탄 소주〉
　　　　　　　차 － 항－　　　　　　　　츄 － 하이

ニャ 냐[nya]	ニュ 뉴[nyu]	ニョ 뇨[nyo]

히라가나 'にゃ・にゅ・にょ'와 발음이 같습니다.

ニャ 냐[nya]	ニャ			
ニュ 뉴[nyu]	ニュ			
ニョ 뇨[nyo]	ニョ			

예제단어 コンニャク 〈곤약〉 メニュー 〈메뉴〉
　　　　　　　콘 냐 꾸　　　　　메 뉴 －

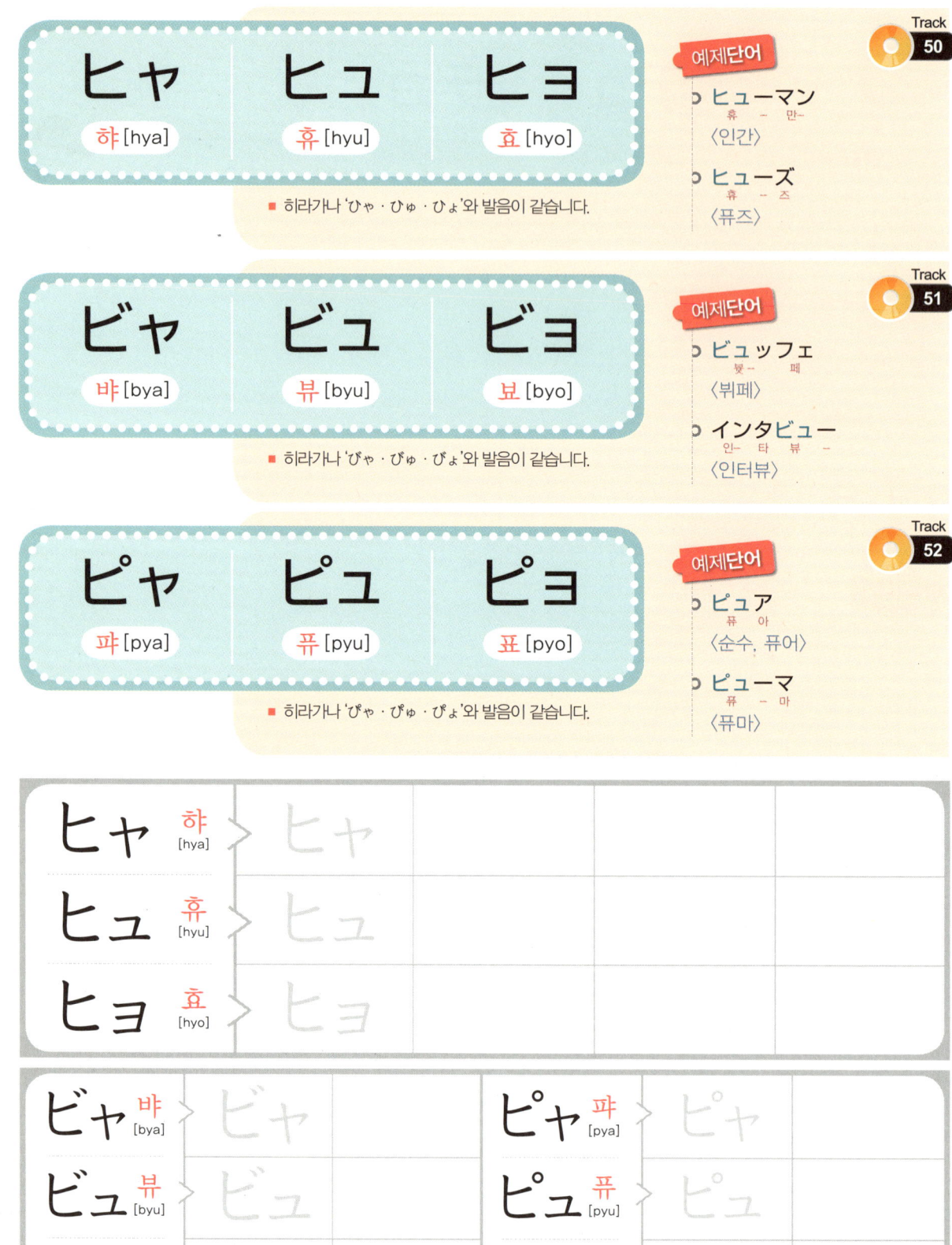

ミヤ	ミュ	ミョ
먀 [mya]	뮤 [myu]	묘 [myo]

히라가나의 'みゃ·みゅ·みょ'와 발음이 같습니다.

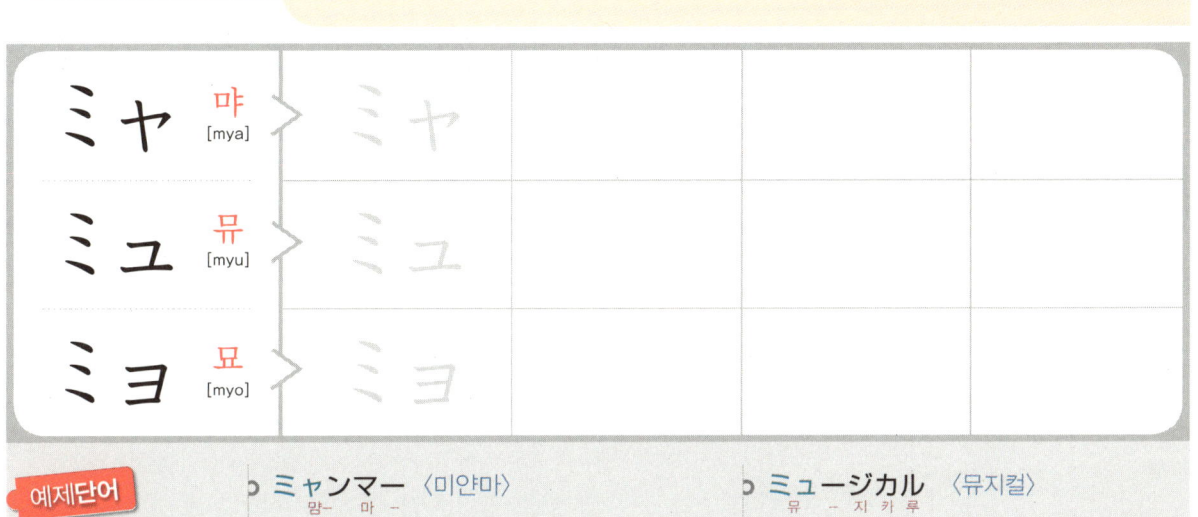

예제단어
- ミャンマー 〈미얀마〉 먍-마-
- ミュージカル 〈뮤지컬〉 뮤-지카루

リャ	リュ	リョ
랴 [rya]	류 [ryu]	료 [ryo]

히라가나의 'りゃ·りゅ·りょ'와 발음이 같습니다.

예제단어
- リャマ 〈라마(아메리카 낙타)〉 랴마
- リューマチ 〈류마티즘〉 류-마치

혼동하기 쉬운 히라가나

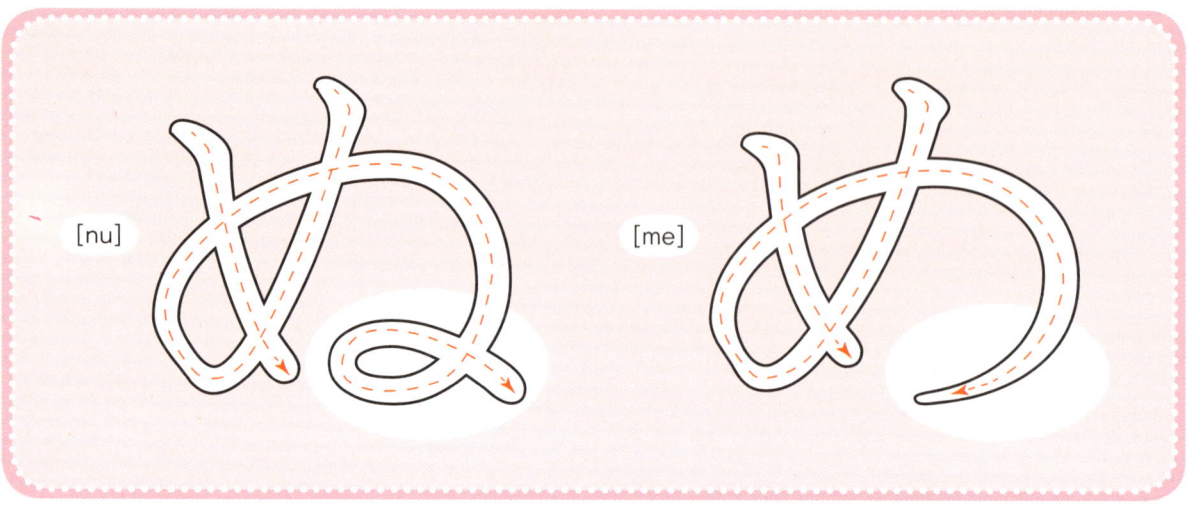

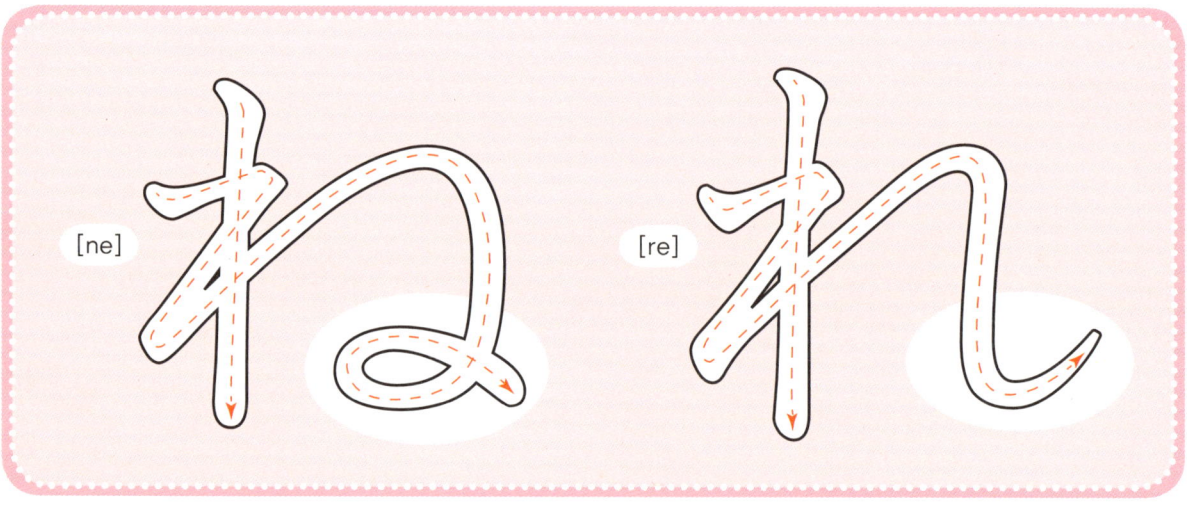

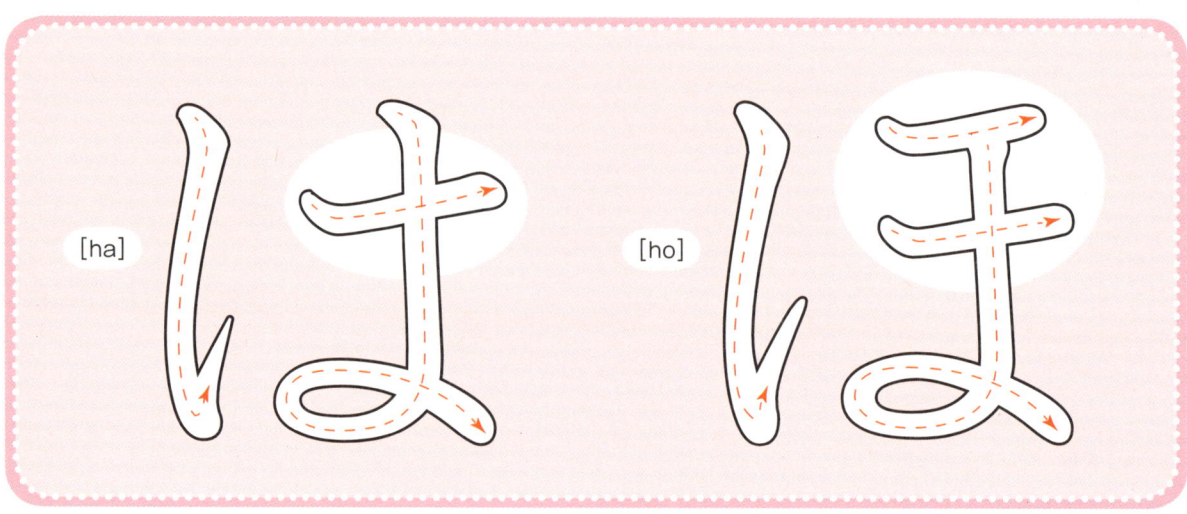

혼동하기 쉬운 가타카나

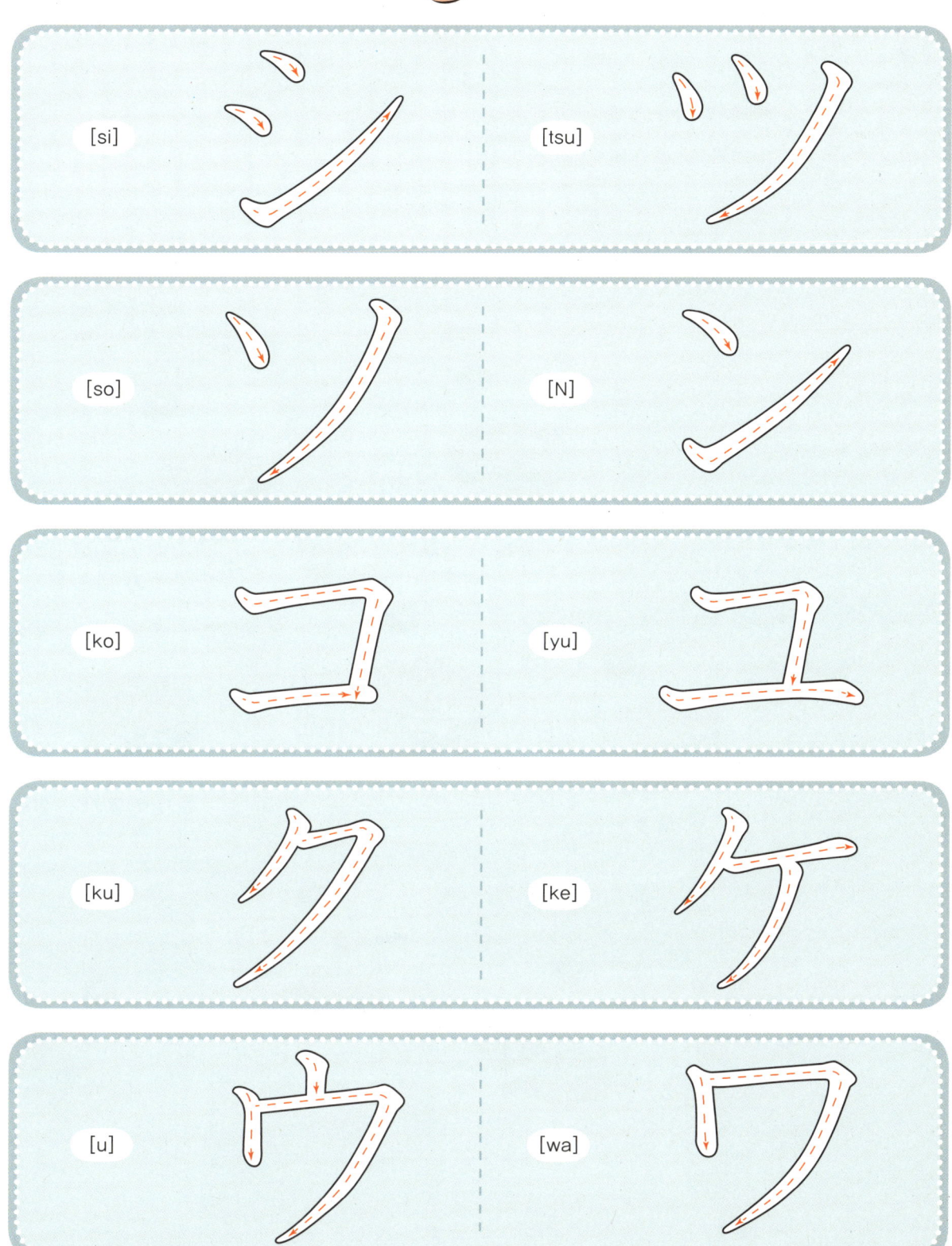

가타카나 다 익히셨나요?
이제 배웠으니, 연습해 볼까요?

패스트푸드점 메뉴 입니다
읽을 수 있어야 주문을 하겠죠?

サンド 샌드

エビバーガー 새우버거 ￥290 → ￥160

チキンバーガー 치킨버거 ￥250 → ￥160

ベーコンレタスバーガー 베이컨레터스 버거 ￥280 → ￥260

フィッシュバーガー 휘시버거 ￥260 → ￥160

てりやきバーガー 데리야키 버거 ￥260 → ￥180

チキン 치킨

オリジナルチキン 4ピース 오리지널 치킨 4조각 ￥1220 → ￥1000

2ピースポテトパック 치킨 2조각 후렌치후라이 팩 ￥710 → ￥590

4ピースグラタンパック 치킨 4조각 그라탕 팩 ￥1530 → ￥1280

ハンバーガー
햄버거

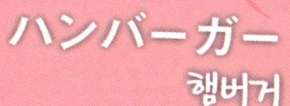
コーラ
콜라

¥410
¥330
ソーセージエッグ
マフィンセット　소세지에그 머핀 세트

¥450
¥370
チキンマックナゲット
ハッピーセット　치킨맥너겟 해피밀 세트

¥630
¥560
ツイスターM
ドリンクRポテトS　트위스터 세트

セット
셋트

¥420
¥350
チーズバーガー
ハッピーセット　치즈버거 해피밀 세트

¥620
¥430
ビッグマックセット　빅맥 세트

¥570
¥500
グリルチキンサンド
セット　그릴 치킨샌드 세트

¥460
¥350
フリフリポテト
ドリンクR　후렌치 후라이 세트

¥580
¥460
フィッシュバーガー
セット　휘시버거 세트

¥240
¥150
チキンマックナゲット
치킨맥너겟

サイド
メニュー
사이드메뉴

¥420
¥400
たまごのタルト
에그타르트

¥230
¥150
フライポテト
후렌치 후라이

¥630
¥520
グラタンセット
그라탕 세트

¥300
¥230
マックフルーリー
맥 플러리